Faszinosum Lausitzer Kultur

Zählen, Zahlen, Zeit und Kalender

HERAUSGEBER

Spreewälder Kulturstiftung
Schloßweg 1
03096 Burg (Spreewald), OT Müschen

Heft 4 Schriftenreihe der
Spreewälder Kulturstiftung Burg-Müschen
2013

SKS

SPREEWÄLDER
KULTURSTIFTUNG
auf Schloss Müschen

INHALT

Zählen, Zahlen, Zeit und Kalender.
Zur Annäherung der archäologischen Forschung an ein Thema

Der moderne Mensch ist es gewöhnt, mit Zahlen umzugehen. Er hat die Entfernung vom Wohnort zur Arbeitsstelle als Kilometerzahl ebenso im Kopf wie sein Gehalt, die Benzinpreise oder auch die Quadratmeterzahl seiner Wohnung. Erst durch Zahlen und Mathematik wird unser komplexes modernes Leben möglich. Zahlen und der Umgang damit – die Mathematik – ordnen unser Leben auf vielfältigste Weise.

Aber wie war das in der Vorgeschichte und insbesondere in der Bronzezeit? In den schriftlosen Zeiten des 2. und 1. Jahrtausends v. Chr. ist der alltägliche Umgang mit Zahlen nicht so augenfällig wie heute. Aber natürlich kannte man die Zahl seines Viehs und seiner Kinder. Man zählte wohl die Tagesmärsche bis zur nächsten größeren Siedlung oder einer bedeutenden Flussmündung ebenso wie die Lebensjahre.

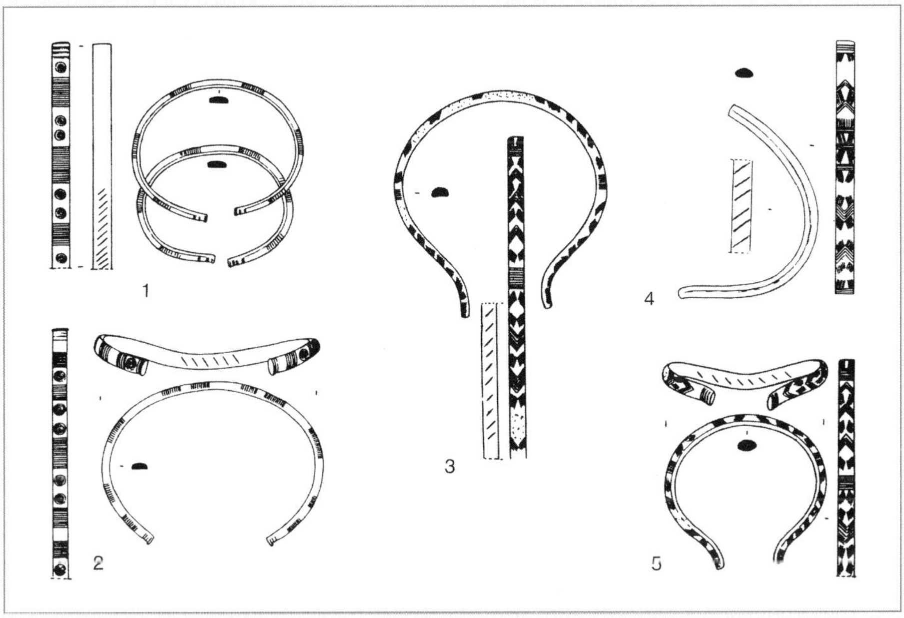

Abb.: Spätbronzezeitliche (urnenfelderzeitliche) Fußringe mit Zählzeichen an der Innenseite. 1-2 Mändelfeld-Karlskron (Lkr. Eichstädt), 3-4 Karlstein, 5 Bayerisch Gmain (Lkr. Berchtesgadener Land) (nach Müller-Karpe 1959)

Zahlen fanden als Zahl- und Zählsymbole Niederschlag auf den dinglichen Hinterlassenschaften der Zeit. Henrik Thrane konnte schon vor über 50 Jahren die Funktion so genannter Schlagmarken als Zähl- und Ordnungszeichen an spätbronzezeitlichem Ringschmuck Nord- und Mitteleuropas deutlich machen (Thrane 1962).

Zu noch viel weitergehenden Ergebnissen gelangte Christoph Sommerfeld bei seiner Bearbeitung der Knopfsicheln. Die Menschen der Lausitzer Kultur verwendeten und verstanden nicht nur Zählzeichen, sondern verfügten nachweislich über ein weit verbreitetes 5er Stellensystem (Sommerfeld 1994).

Doch der Umgang mit Zahlen ging viel weiter, denn auch die Menschen der Bronzezeit versuchten, mit Zahlen und mathematischen Mitteln Ordnung in ihre Welt zu bringen.

Insbesondere bei der Beobachtung bzw. der Beschreibung von astronomischen Erscheinungen und deren Umsetzung in Kalender und Zeit war dies von Bedeutung. Schließlich machen es Planeten, Trabanten, Sonne und Gestirne dem Menschen nicht leicht, ihren Lauf zu verstehen und zueinander in Beziehung zu setzen. Die Umlaufzeit der Erde um die Sonne, die Mondphasen sowie Planeten- und Sternenkonstellationen sind nicht einfach in ein Schema zu pressen. Schon gar nicht lassen sie sich als glatter Bruch durch die terrestrisch-biologische Grundeinheit des Tages (die Zeit einer vollständigen Umdrehung der Erde um ihre Achse) teilen. Das Sonnenjahr dauert eben nicht genau 365 Tage und das Mondjahr nicht genau 354 Tage.

Da aber auch das Jahr, zumindest in den gemäßigten Breiten, eine lebensprägende Grundeinheit ist und die – in einer Zeit ohne Lichtverschmutzung deutlich wahrnehmbaren – Mondphasen spürbar auf Mensch und Natur wirken, mussten die Systeme in Kalendarien zusammengefasst werden.

Ist die Kalenderforschung für die antiken Regionen Mesopotamiens, Griechenlands und Roms schon lange wissenschaftliche Praxis, so war die vorgeschichtliche Archäologie lange Zeit eher vorsichtig. Die Bronzezeitforschung begnügte sich mit allgemeinen Aussagen zur Bedeutung der Sonne und des Sonnenjahres im Kult, wie es u.a. der Wagen von Trundholm und die sogenannten Vogel-Sonnen-Barken nahe legten. Sehr viel weiter ging 1998 Flemming Kaul, der die symbolisch-bildliche Darstellung des Tagesablaufs auf Rasiermessern der nordischen Bronzezeit aufzeigte (Kaul 1998). Seine Thesen stellte er unter anderem auch in der Schriftenreihe der Spreewälder Kulturstiftung vor (Kaul 2012, Abb. 14).

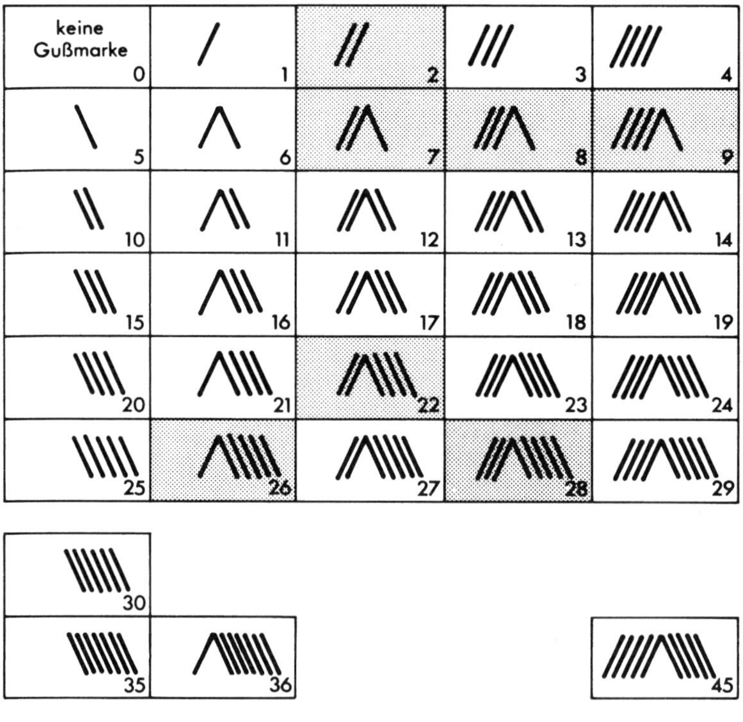

Abb.: Schema der Zahlzeichen an Knopfsicheln der Bronzezeit. Deutlich wird das 5er-System (nach Sommerfeld 1994, S. 237).

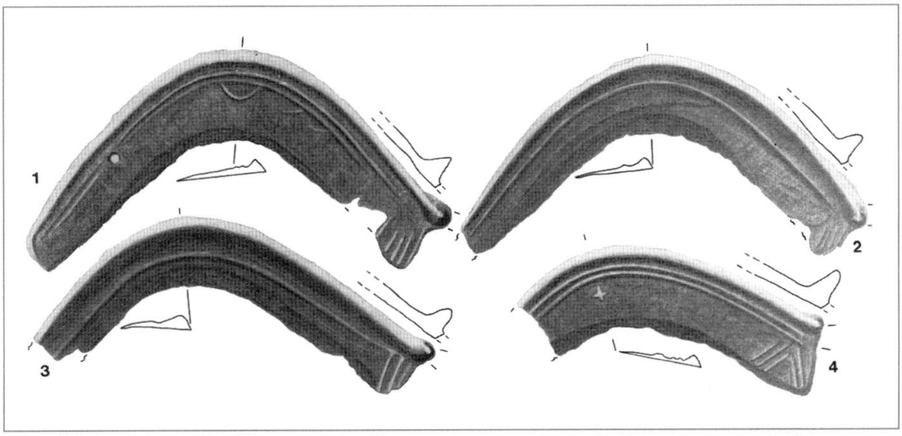

Abb.: Bronzene Knopfsicheln aus dem Hortfund III aus Polzen III (Lkr. Elbe-Elster) (nach Sommerfeld 1994, Taf. 42, 1-4)

Großen und nachhaltigen Aufschwung nahm die Beschäftigung mit bronzezeitlicher Astronomie ohne Frage mit den Forschungen um die Himmelsscheibe von Nebra ab 2002.

Den Anstoß, die Verzierung bronzezeitlicher Metallgefäße, Schilde und sonstiger toreutischer Objekte als Hinweise auf die Synchronisation von Mond- und Sonnenjahr zu deuten, gab ein Beitrag von Jens May und Reiner Zumpe auf einer europäischen Tagung im Jahr 1997 (May and Zumpe 1998). Die Autoren konnten an Hand der brandenburgischen Bronzeschilde von Herzsprung (Lkr. OPR) und an bronzezeitlichen Metallamphoren und Hängebecken Beziehungen zwischen Buckelreihen und Mondjahren sowie Buckelreihen und Sonnenjahren wahrscheinlich machen (May and Zumpe 2002; May and Zumpe 2003). Wilfried Menghin hat diesen Ansatz passend zum Milleniumswechsel auf die so herausragenden und ungewöhnlichen Objekte der sogenannten Goldhüte der Bronzezeit übertragen (Menghin 2000); er stellt die Ergebnisse auch in diesem Heft vor. Bei Buckeln und unterschiedlichen Symbolen ergibt sich jeweils die Frage ihrer Bedeutung und Zuordnung in ein bestimmtes Zählsystem.

Noch viel gravierender wird dieses Grundproblem beim Ansatz von Chr. Sommerfeld in seinem Beitrag: $\frac{\text{Sterne} \cdot \text{Sterne}}{\text{Sonne}} = \text{Mond}$ Multiplikationsketten und vielstellige Quadrierungsergebnisse hangen im Grunde von der Identifikation und Lesung der Zahlzeichen ab. Ob die bronzezeitlichen Metallhandwerker, denn sie haben die Objekte hergestellt, die Rechenwege verstanden, steht zudem in Frage. Der ganz überwiegende Teil heutiger Archäologen vermag wohl nicht zu beurteilen, wie zwingend diese Rechenwege sind. Hier fehlen uns die nötigen fachlichen Kenntnisse. Trotz erheblicher Zweifel, gerade auch des Verfassers dieser Zeilen, unterbleibt ein fundierter wissenschaftlicher Diskurs in Ermangelung eigener Kompetenz.

Deshalb bedarf die Beschäftigung der Archäologie mit Zahlen, Mathematik, Astronomie und Kalendern in der Bronzezeit dringend des Blicks über den Tellerrand der eigenen Forschungsdisziplin hinaus. Während Wolfhard Schlosser in die Welt des astronomischen und des mathematischen Wissens während der Bronzezeit einführt, stellt Burkard Steinrücken den Bezug zum gallischen Kalender von Coligny her. Zwar ist es ein nicht unerheblicher zeitlicher und räumlicher Schritt von der mitteleuropäischen Bronze- und Früheisenzeit (2000 bis ca. 500 v. Chr.) in das gallo-römische Umfeld, doch bietet der Kalender wichtige Einblicke in vorgeschichtliche Lösungsansätze. Insbesondere werden hier die mathematische Problematik der Synchronisation unterschiedlicher Kalendersysteme und deren hohe kultische Bedeutung deutlich.

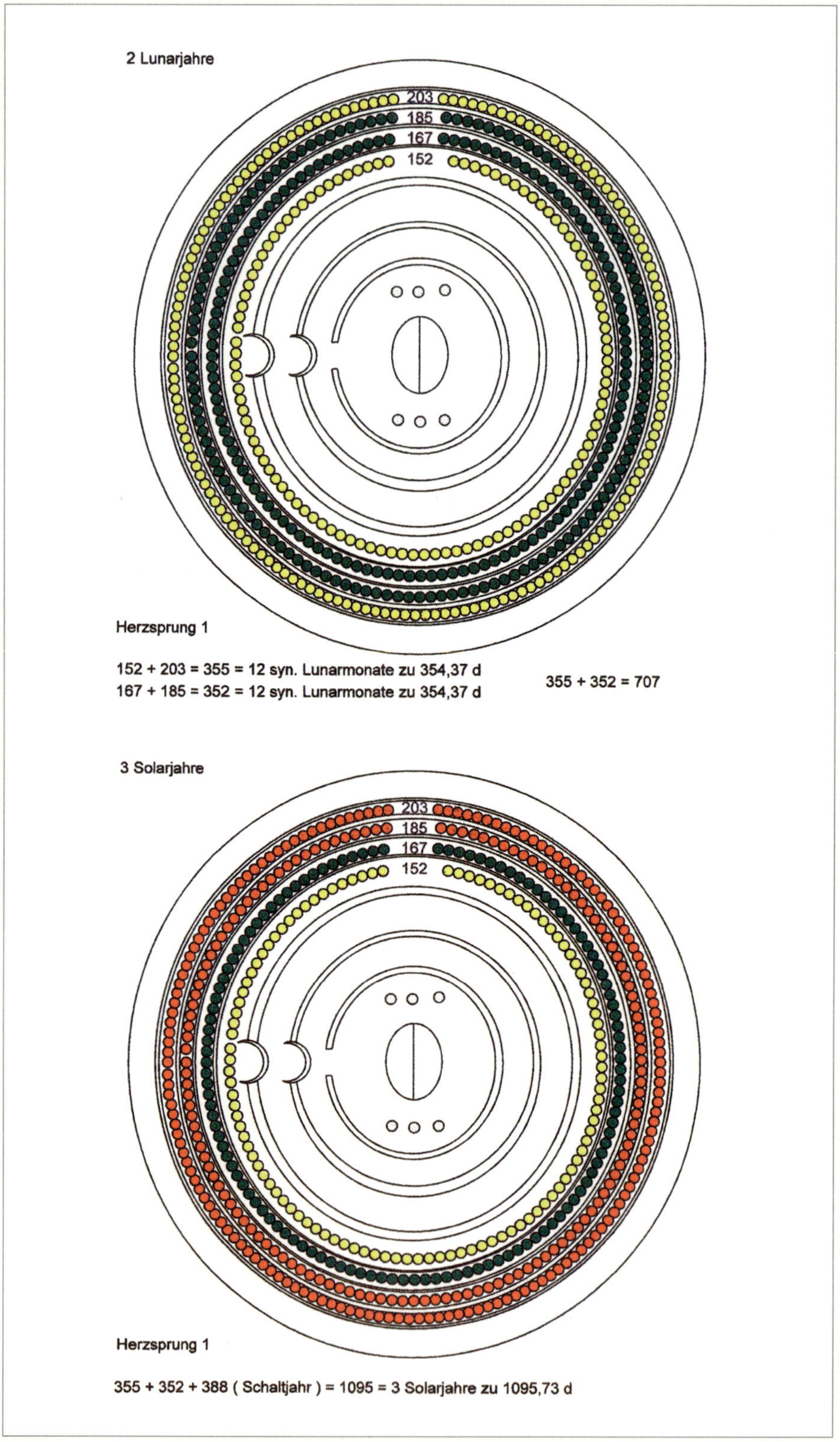

Abb.: Schild 1 von Herzsprung (Lkr. Ostprignitz-Ruppin). Lunare und lunisolare Zählweise der Buckel (nach May und Zumpe 1998)

Der Beitrag von Tomasz Gralak führt dann zurück an das Ende der Lausitzer Kultur ins 8. und 7. Jh. v. Chr. Er versucht aus den Grundrissen früheisenzeitlicher Gebäude metrische Regelmäßigkeiten und ein wiederkehrendes Grundmaß herauszuarbeiten.

Weitgehend auf den gleichen Zeitraum bezieht sich Klaus Goldmann, der von grundsätzlichen Überlegungen ausgehend, den numerisch extrem hohen und teilweise nach Größe und Qualität einheitlichen Holzbedarf der späten Bronze- und frühen Eisenzeit darstellt, um auf dieser Basis eine langfristig planende, vorgeschichtliche Forstwirtschaft zu postulieren.

Insgesamt gibt auch dieser Band wieder einen beeindruckenden schlaglichtartigen Einblick in die komplexe Welt unserer bronzezeitlichen Lausitzer Vorfahren und veranschaulicht die zuweilen tastenden Versuche von Archäologie und anderen Disziplinen, diese Welt zu beleuchten.

Dr. Franz Schopper

Literatur:

Kaul, F. (1998). Ships on bronzes : a study in Bronze Age religion and iconography.

Kaul, F. (2012). Wagen, Kult und Religion in der nordischen Bronzezeit. Faszinosum Lausitzer Kultur. Religion, Musik, Medizin. 3: 6-18.

May, J. and R. Zumpe (1998). Kalendarien der jüngeren Bronzezeit im nördlichen Mitteleuropa. Ein Beitrag zur Interpretation buckelverzierter Amphoren und Schilde. In: B. Hänsel (Hrsg.) Mensch und Umwelt in der Bronzezeit Europas: 571-574.

May, J. and R. Zumpe (2002). Mondkalender der jüngeren Bronzezeit und frühen Eisenzeit in Nord- und Mitteleuropa als historische Formen des Mondkalenders. Reallexikon der Germanischen Altertumskunde: 171-177.

May, J. and R. Zumpe (2003). Ein Buckel – ein Tag. Zur Nutzbarkeit buckeldekorierter Schilde, Hängebecken und Amphoren der jüngeren Bronzezeit als Kalender. Gold und Kult der Bronzezeit: 253-265.

Menghin, W. (2000). „Der Berliner Goldhut und die goldenen Kalendarien der alteuropäischen Bronzezeit." Acta Praehistorica et Archaeologica 32: 31-108.

Müller-Karpe, H. (1959). Beiträge zur Chronologie der Urnenfelderzeit nördlich und südlich der Alpen.

Sommerfeld, C. (1994). Gerätegeld Sichel. Studien zur monetären Struktur bronzezeitlicher Horte im nördlichen Mitteleuropa.

Thrane, H. (1962). „Counting marks on urnfield culture armrings." Acta Archaeologica (København) 33: 92-99.

Astronomisches und mathematisches Wissen in der Bronzezeit Mitteleuropas

Prof. Dr. Wolfhard Schlosser

Angeregt durch das Buch des Astronomen Rolf Müller „Der Himmel über dem Menschen der Steinzeit" (Müller 1970) begann der Verfasser dieser Zeilen, sich Ende der siebziger Jahre für die astronomischen Kenntnisse des vorzeitlichen Menschen zu interessieren und unternahm auch eigene Untersuchungen zu diesem Thema. Unterstützt durch den damaligen Direktor des Seminars für Ur- und Frühgeschichte der Ruhr-Universität Bochum, Gerhard Mildenberger, und vor allem dessen damaligem Studenten Jan Cierny, wurden Forschungen an tausenden Gräbern der Jungsteinzeit und Bronzezeit durchgeführt, die klar belegten, dass bereits damals weitgehende Kenntnisse der Himmelskunde und auch der Mathematik vorhanden waren (Schlosser, Cierny 1996).

Die Reaktion der Prähistoriker war allerdings überwiegend negativ. „Die Menschen damals hatten ganz andere Sorgen als sich um Sonne, Mond und Sterne zu kümmern", so der Tenor ihrer Stellungnahmen. So traf es sich gut, dass sich etwa zur gleichen Zeit Zoologen an mich wandten, um einige Berechnungen zur Stellung des Mondes für Kenia durchzuführen. Der Grund dafür war der Eulenfalter Spodoptera exempta, der seine nächtlichen Wanderungen am Mond orientiert. Für ein äquatornahes Land wie Kenia kann der Mond zu gewissen Zeiten genau im Zenit stehen, wo er natürlich keiner Himmelsrichtung zugeordnet werden kann. Das Insekt verhält sich in dieser Zeit astronomisch korrekt. Es legt dann eine kleine Pause ein, bis der Mond hinreichend vom Zenit entfernt ist um wiederum eine Himmelsrichtung anzuzeigen. Die Zoologen waren viel aufgeschlossener als die Archäologen, da die Orientierung vieler Tiere in Raum und Zeit – etwa bei den Zugvögeln – eine lange bekannte Tatsache ist. Für den Nachweis der Sonnenorientierung der Bienen erhielt der Zoologe Karl von Frisch im Jahr 1972 sogar den Nobelpreis.

Zwei Beispiele tierischer Orientierung in Raum und Zeit

Bemerkenswert ist der Orientierungssinn der Ameise Cataglyphis fortis, die in den Wüstengebieten Nordafrikas lebt (Wehner, Wehner 1990). Auf der Suche nach Futter läuft sie einen erratischen Zickzack-Kurs, bis sie (oft nach hunderten von Metern) etwas zu fressen findet. Während der gesamten Strecke verrechnet sie ihre momentane Bewegung mit dem Sonnenstand, so dass sie nach Auffinden der Beute auf dem kürzesten Weg zu ihrem Nest zurückfindet. Abb. 1 zeigt stark vereinfacht, welch aufwendige Mathematik in ihrem Organismus in einer uns unbekannten Weise „verdrahtet" sein muss, um dies zu ermöglichen. Der tatsächliche Weg ist in Wirklichkeit wesentlich komplizierter als diese vereinfachte Zeichnung; er ist vollständig als Abb. 2.1 bei Schlosser, Cierny (1996) dargestellt.

Tiere verfügen auch über ein gutes zeitliches Orientierungsvermögen. Der zum Stamm der Ringelwürmer gehörende Palolowurm Eunice viridis richtet sein Schwarmverhalten nach der Sonne und dem Mond aus. Seine Aktivität findet mit hoher Genauigkeit um das letzte Mondviertel im Oktober oder November statt (Abb. 2). Die Gestirne selbst kann er nicht beobachten, da er unter Wasser im Korallenkalk lebt. Es werden wohl eher die von Sonne und Mond gleichermaßen verursachten Gezeiten sein, die sein Verhalten regeln. Da er südlich des Äquators lebt, sind diese Monate die Frühlingsmonate. Damit nimmt dieser Wurm schon hunderte von Millionen Jahre quasi unsere Osterfestregel vorweg, wie die nachfolgende Zusammenstellung zeigt:

Osterfest		Palolowurm
Sonne	im Monat nach Frühlingsbeginn	einen Monat nach Frühlingsbeginn
Mond	am ersten Sonntag nach Vollmond	um das letzte Mondviertel

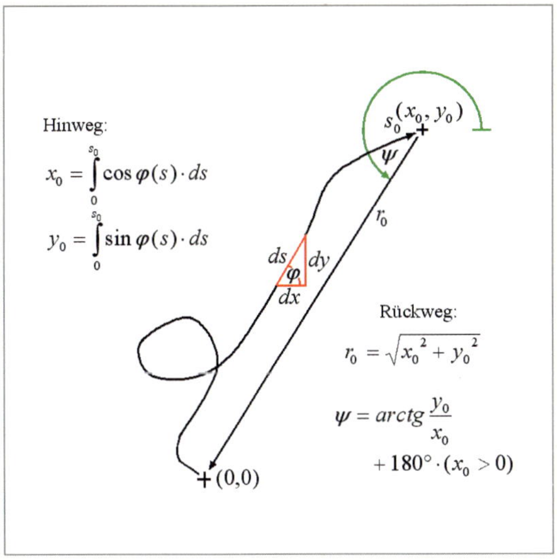

Abb. 1: Hin- und Rückweg der Wüstenameise Cataglyphis fortis mit den zur direkten Heimfindung erforderlichen Rechenoperationen. Das Nest liegt bei (0,0), die Beute bei (x0,y0). Die Klammer hat den Wert Eins, falls die Bedingung erfüllt ist, sonst Null. Vereinfacht nach Wehner, Wehner (1990)

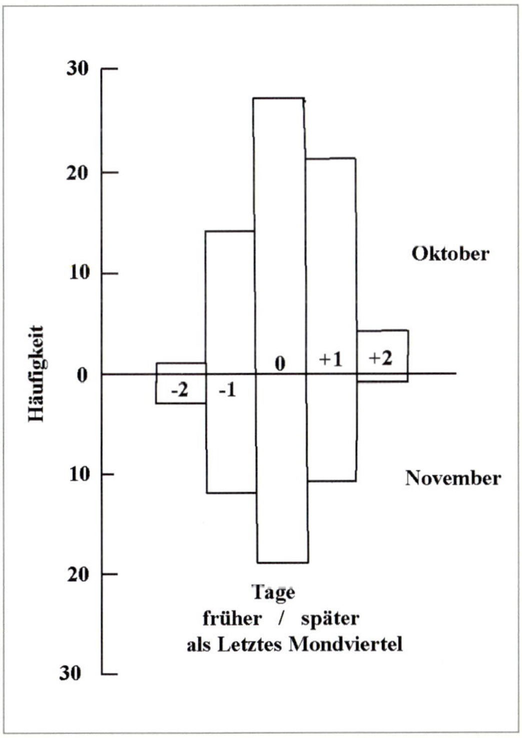

Abb. 2: Zeitliche Variation der Aktivität des Palolowurms Eunice viridis um das letzte Mondviertel im Südfrühjahr. Aus verschiedenen Quellen zusammengetragen vom Verfasser

Ein bronzezeitliches Zahlensystem

Es gilt allgemein als ausgemacht, dass unser modernes (verschriftetes) Zahlensystem auf Stellenbasis erst durch die Einführung der indisch-arabischen Ziffern möglich wurde. Diese lösten das umständliche und für Rechenoperationen ungeeignete römische Zahlensystem ab. Wie Sommerfeld (1994) jedoch zeigen konnte, gab es eine Vorstufe zum Stellensystem auf der Basis der Zahl 5 in Mitteleuropa bereits in der Bronzezeit.

Aus dieser Zeit stammt eine große Anzahl von Sicheln, zum großen Teil aus Hortfunden. Sie waren wohl als Opfergaben an die Götter gedacht. Diese Sicheln tragen oft Zeichen, von denen eine Klasse (die so genannten Gussmarken) mit Sicherheit Zahlen darstellt. So bedeutet ein Strich ähnlich unserem Divisionszeichen (/) die Eins, ein Strich mit entgegengesetztem Verlauf (\) die Fünf. Die Zahl $17 = 3\times 5 + 2$ wird beispielsweise als //\\\ dargestellt. Dass dieser Zahlendarstellung wirklich ein Fünfersystem zugrunde liegt, erkennt man daran, dass der Einserstrich maximal viermal auftritt, ähnlich also wie die Neun in unserem Zehnersystem, nach der es mit der Zehn zweistellig wird.

Diese Art der Zahlendarstellung erinnert einerseits an die Markierung der Anzahl der getrunkenen Biere auf einem Bierdeckel (maximal vier senkrechte Striche, der fünfte jeweils als Querstrich durch diese), zum anderen an die Maya-Zahlen. Dort wird die Fünf als liegender Strich dargestellt, die Einer werden jeweils als Punkte markiert.

Was jedoch auffällt, ist die Verteilung der Zahlen auf den Sicheln. Während etwa bei den Hausnummern einer Straße die kleinen Zahlen stets vorhanden sind, die größeren nur bei langen Straßen, so ist hier die Verteilung eine völlig andere (Abb. 3). Die durch fünf teilbaren Zahlen treten häufig auf, aber auch solche in der Nähe Vielfacher von Sechs. Der Grund für diese merkwürdige Häufung ist bislang unklar.

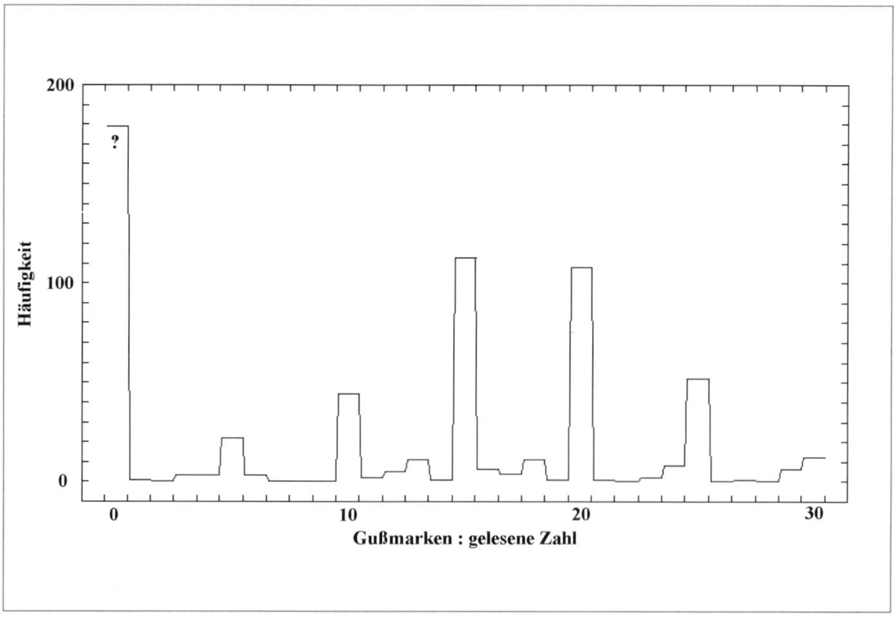

Abb. 3: Die Verteilung der Häufigkeiten der Zahlen auf den Gussmarken bronzezeitlicher Sicheln in der Lesung nach Sommerfeld (1994)

Der Fund von Gallemose – ein Mechanismus aus der Bronzezeit?

Der Mensch hat schon früh ein Gefühl für die Optimierung dynamischer und statischer Systeme entwickelt. Anders wären die optimalen Wurfeigenschaften der Speere von Schöningen (ca. 400 000 Jahre v. Chr.), der sichere Bau der Langhäuser der Linienbandkeramik (ca. 5000 v. Chr.) und der Transport der tonnenschweren Steine von Stonehenge über große Distanzen nicht zu erklären.

Im Jahre 1887 fanden Kinder, die Kühe hüteten, in der Nähe von Harridslev (Dänemark) in einem Sumpfgebiet mehrere Objekte aus Kupfer oder Bronze. In der Folgezeit kamen dort weitere Metallteile im Gesamtgewicht von fast zwölf Kilogramm ans Tageslicht, die als Fund von Gallemose starke Beachtung fanden (Randsborg 1992). Das Fundgut besteht aus acht Äxten, neun Ringen und drei eigentümlich geformten Stangen, von denen im Folgenden die Rede sein soll.

Diese gebogenen Stangen, von denen Abb. 4 eine zeigt, hatten eine fast identische Länge von 31 Zentimetern mit jeweils einem Haken am Ende. Ferner wiesen sie zwei Schlitze auf, einer in Hakennähe und der andere nah am hakenfernen Ende. Wie der Titel der zitierten Arbeit bereits ausführt, wurden sie als Teil eines Pferdewagens oder des entsprechenden Geschirrs gedeutet. Diese Interpretation ist jedoch nicht überzeugend.

Schaut man sich diese Haken nämlich einmal genauer an, so zeigen sie durchgehend zwei Besonderheiten. Der untere Teil ist kragenartig verbreitert und der obere ebenfalls etwas breiter. Das macht nur Sinn, wenn an dem Haken nicht irgendetwas hing, sondern dieser in definierter Führung und Position eine Achse oder Ähnliches umfassen sollte. Eine derart eingeschränkte Beweglichkeit wäre bei einer Kombination von Pferd und Wagen auf unebenem Gelände denkbar unpraktisch. Dass bei diesem Mechanismus eine Rotation um die vermutete Achse eine Rolle gespielt haben mag, legen auch die Schlitze nahe. Sie könnten bei der Bewegung um gerade (Metall-)Teile geglitten sein. Dadurch wäre auch verständlich, dass der achsferne Schlitz größer ist als der achsennahe, da bei gegebener Winkelauslenkung dort ein größerer Freiraum für das postulierte Metallstück vorhanden gewesen sein muss.

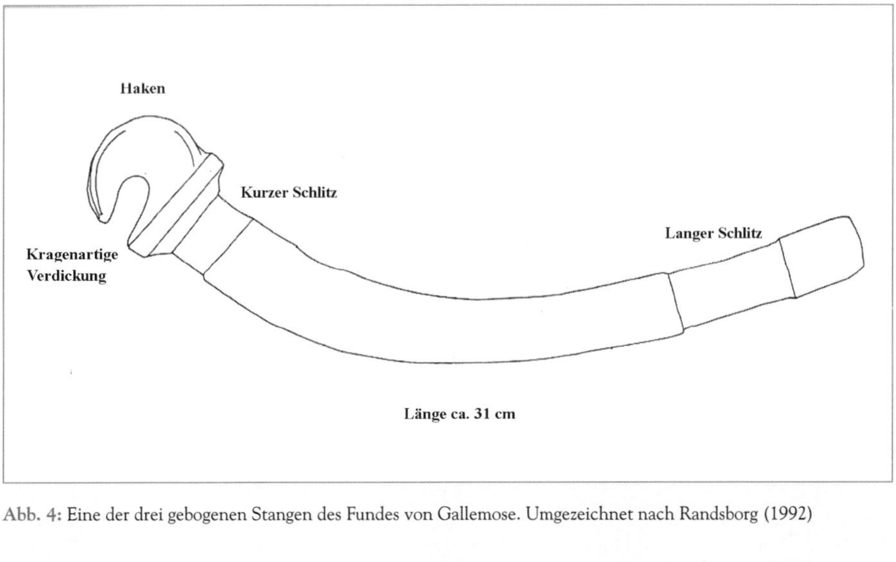

Abb. 4: Eine der drei gebogenen Stangen des Fundes von Gallemose. Umgezeichnet nach Randsborg (1992)

Ob nun diese drei Metallstangen zu einem einzigen Mechanismus gehörten und welchem Zweck dieser gedient haben könnte, lässt sich ohne weitere Untersuchungen (etwa auf Abriebspuren hin) nicht klären. Trotz der Bemühungen des Verfassers dieser Zeilen haben aber weder Archäologen noch Ingenieure ein größeres Interesse an den interessanten Objekten gezeigt.

Astronomische Kenntnisse in der Bronzezeit

Wie eingangs erwähnt, spielt die Orientierung in Raum und Zeit bereits im Tierreich eine große Rolle und ist auch für die Menschen der Jungsteinzeit nachzuweisen. Mit der Sicherstellung der Himmelsscheibe im Jahre 2002 ist auch wohl dem letzten Zweifler klar geworden, dass der Mensch bereits in der Vorzeit ein merkliches Interesse an „Sonne, Mond und Sternen" zeigte. So eindeutig die Himmelsscheibe auch ein astronomisches Geschehen beschreibt, so unterschiedlich sind die Interpretationen dessen, was den Verfertiger bewogen haben mag, dies und nichts anderes auf ihr abzubilden. Hier sei auf den astronomischen Teil der beiden Tagungsbände zur Himmelsscheibe hingewiesen und speziell den darin enthaltenen zusammenfassenden Diskutantenbericht (Schlosser 2010). Abb. 5 zeigt die Himmelsscheibe mit denjenigen Details, die bisher (fast) unstrittig gedeutet wurden.

Es sei an einem Beispiel erläutert, dass die astronomische Interpretation der Himmelsscheibe mehr erfordert als nur astronomische Kenntnisse. Die als Horizontbögen gedeuteten seitlichen Goldapplikationen spannen von der Mitte der Scheibe Winkel von etwa 82° auf. Diese Zahl kennt jeder Astronom: Es ist der Winkelbereich, den die Sonne in unseren Breiten über das Jahr am östlichen oder westlichen Horizont überstreichen kann. Nun weichen diese 82° nicht allzu sehr von 90° ab, und die Scheibe

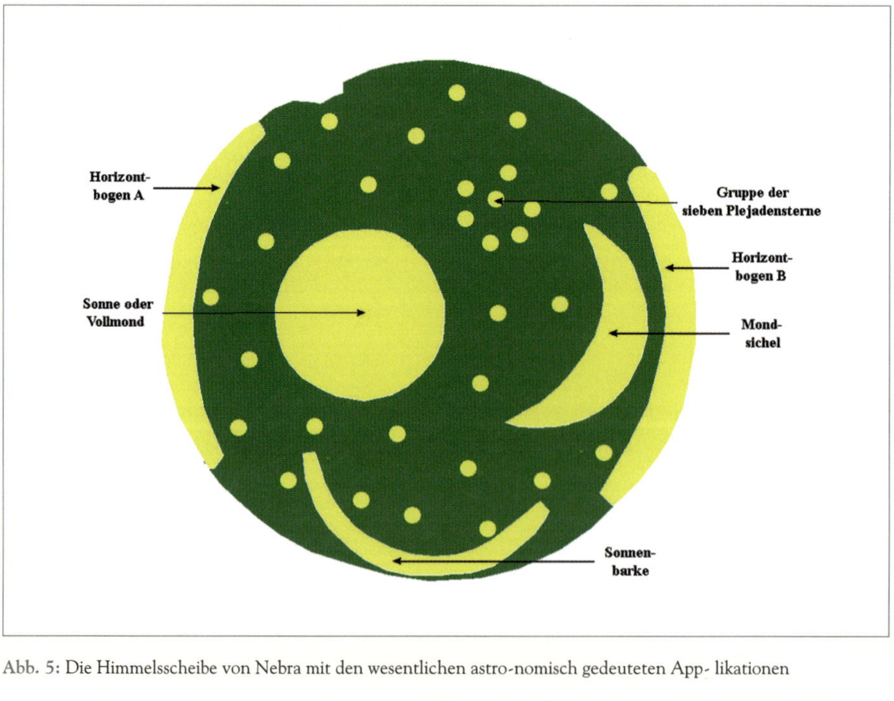

Abb. 5: Die Himmelsscheibe von Nebra mit den wesentlichen astro-nomisch gedeuteten App- likationen

zeigt deutlich, dass sie an manchen Stellen nicht sehr sauber gefertigt wurde. Es könnten also auch einfache Kreisviertel mit und ohne Gold gemeint gewesen sein, reine Verzierungen also, die dann nicht sehr sorgfältig ausgeführt wurden. Man hatte also zunächst alle Details der Scheibe auf Fertigungsungenauigkeiten hin zu untersuchen. Erst dann konnte man sagen, dass wirklich die Sonne gemeint war und keine symmetrische Verzierung. Im Übrigen kann man von Glück sagen, dass die Himmelsscheibe in Nebra gefunden wurde und nicht etwa nahe Kiel. Die dortige Breite von 55° lässt nämlich den Sonnenwinkel auf 90° wachsen, womit dann eine Antwort auf die Frage „Sonne oder Zierrat" unmöglich geworden wäre.

Literatur

Müller, R. (1970): Der Himmel über dem Menschen der Steinzeit. Springer, Berlin

Randsborg, K. (1992): Gallemose – A Chariot from the Early Second Millennium BC in Denmark. Acta Archaeologica 62, 109-122, København 1992

Schlosser, W., Cierny, J. (1996): Sterne und Steine. Wissenschaftliche Buchgesellschaft, Darmstadt

Schlosser W. (2010): Diskutantenbericht Astronomie. In: Der Griff nach den Sternen (Hrsg. H. Meller, F. Bertemes). Tagungen des Landesmuseums für Vorgeschichte Halle (Saale) Band 05/II, 1021-1026

Sommerfeld, Chr. (1994): Gerätegeld Sichel – Studien zur monetären Struktur bronzezeitlicher Horte im nördlichen Mitteleuropa. de Gruyter, Berlin

Wehner, R., Wehner, S. (1990): Insect Navigation. Ethol. Ecol. Evol. 2, 27

Der Berliner Goldhut – ein Medium zur Berechnung lunisolarer Zyklen

Prof. Dr. Wilfried Menghin

Der Berliner Goldhut gehört zu einer kleinen Gruppe außergewöhnlicher archäologischer Funde, die aufgrund ihrer hybriden Form, des Materials Gold und der Verzierung in engen typologischem und funktionalem Zusammenhang stehen (Abb. 1). Namen gebend ist der Goldene Hut von Schifferstadt, der bereits 1835 in einem Acker einen Kilometer nördlich der Stadt unbeschädigt ausgegraben wurde. Die Fundumstände sind für die damalige Zeit außerordentlich gut dokumentiert. Der ca. 30 Zentimeter hohe Hohlkörper aus dünnem Goldblech ist in einen gedrungenen Konus, eine halbkugelige Kalotte und die Krempe gegliedert. Er ist umlaufend flächendeckend mit Buckel-, Kreis- und Mandelaugenmustern zwischen horizontalen Wülsten und Perlpunktbändern verziert. Der Goldhut stand aufrecht in einer etwa 60 Zentimeter tiefen Grube, so dass die Spitze bis kurz unterhalb des ehemaligen Laufhorizonts reichte (Sperber 2009, S. 11 f.).

Abb. 1: Die goldenen Zeremonialhüte vom Typ Schifferstadt. Von links nach rechts: Schifferstadt, Avanton, „Berlin" und Ezelsdorf-Buch (88 Zentimeter). Foto GNM Nürnberg

Auf der bereits in der Antike nachträglich überarbeiteten Krempe fanden sich, an den Schaft angelehnt, drei bronzene Absatzbeile, die den Komplex in das 14. Jahrhundert v. Chr. datieren. Bei einer amtlichen Nachgrabung wenige Tage nach dem zufälligen Auffinden kamen noch Reste von Bronzedraht zutage, mit dem der Rand der Krempe ursprünglich verstärkt gewesen war. Der Goldene Hut von Schifferstadt wird im Historischen Museum der Pfalz in Speyer aufbewahrt. Sein Gewicht beträgt im heutigen Zustand 350,5 Gramm (Menghin 2000, S. 48 ff.).

1844 wurde auf einem Feld bei Avanton im Arrondissement Poitiers, das im Département Vienne in Mittelfrankreich liegt, der „Cône" oder „Carquois d'Avanton" geborgen. Über die Fundumstände des konischen Schaftes aus getriebenem Goldblech ist nichts bekannt. Er ist mit einem elfstrahligen Stern an der Spitze und horizontal in Zonen umlaufenden Kreisbuckelornamenten verziert. Der stark zerknitterte Schaft eines Goldhutes, an dem ursprünglich noch Reste des Übergangs vom Schaft zur Kalotte zu sehen waren, gelangte in den Louvre und später in das Musée d'Archéologie National in Saint-Germain-en-Laye. Nach einer Restaurierung in den 70-er Jahren des letzten Jahrhunderts stellt sich der ausgebeulte Hohlkörper mit geradem Abschluss als ein Konus von 53 Zentimetern Höhe und einem Gewicht von 249 Gramm dar (Menghin 2000, S. 51 ff.).

Es dauerte mehr als 100 Jahre bis ein weiterer Fund dieser Art bekannt wurde. 1953 stieß ein Arbeiter beim Baumstumpfroden am Fuß des Brentenberges in der Gemeinde Ezelsdorf im Kreis Nürnberger Land auf vermeintliches Konservenblech, das er, weil es ihn bei der Ausgrabung der Wurzeln behinderte, zerhackte. Erst nachdem die dünnen Goldbleche über eine Odyssee in das Germanische Nationalmuseum Nürnberg gelangten, stellte der zuständige Konservator fest, dass es sich um die überaus reich verzierten Teile eines Goldkegels vom Typ Schifferstadt handelte (Raschke 1954).

Eine vom Museum organisierte Nachuntersuchung des Fundplatzes erbrachte den Nachweis weiterer Goldfragmente bis in eine Tiefe von 80 Zentimetern unter der Oberkante des Waldbodens sowie Reste eines ovalen Bronzereifens und eines tordierten Drahtes. Im Gesamtbefund zeichnet sich ab, dass der „Goldkegel von Ezelsdorf" ohne weitere Beigaben aufrecht stehend vergraben worden war (Menghin 2000, S. 53 ff.).

Bei einer zweiten Restaurierung in den 70-er Jahren des letzten Jahrhunderts wurden die vorher auf einem Samtkegel fixierten Goldbleche mit Epoxydharz miteinander verbunden, die Fehlstellen ergänzt und zu einem schlanken Kegel mit Kalotte von insgesamt 88 Zentimetern Höhe mit einem Goldgewicht von 310 Gramm geformt, dessen Spitze ein zehnzackiger Stern ziert.

Keine Berücksichtigung fand der Umstand, dass die ursprünglich stärker profilierten Muster schon nach dem Auffinden und dann noch einmal bei der ersten Restaurierung geglättet wurden und dass auch von einer ursprünglich vorhandenen Krempe noch kleine Goldbleche und die Reste eines tordierten Kupferdrahtes aus der Randseele vorhanden waren (Springer 2003, S. 239-250).

Die Funktion dieser Objekte stand bis in die neueste Zeit in der wissenschaftlichen Diskussion. Ihre Form, das Material und die Verzierung mit Kreisbuckeln rückte sie in die Kategorie bronzezeitlichen Kults, wobei die Deutung von „Krone", „Gegenstand unbekannter Funktion", „Köcher", „Hut" bis „Pfahlbekrönung" ging (Menghin/Schauer 1977, S. 17; 35-38). Irritierend waren dabei die in prähistorischer Zeit nachträglich umgearbeitete Krempe des Schifferstädter Goldhutes, der fragmentarische Zustand des Cône d'Avanton und das vermeintliche Fehlen einer Krempe beim Goldkegel von Ezelsdorf. Daneben fanden sich in der so genannten „Grauen Literatur" von der Fachwelt nicht ernst genommene Versuche, die Scheibenmuster und symbolhaften Zeichen in ihrer Numerik in sinnhafte Zusammenhänge zu bringen und in Richtung prähistorischer Kalendarien zu interpretieren (Kocher 1995).

Einen Teil der bis dahin offenen Fragen beantworten die Autopsie und die Analyse des so genannten Berliner Goldhutes, der ohne nachgewiesene Provenienz von den Staatlichen Museen zu Berlin 1996 nach intensiver Prüfung seiner Authentizität für das Museum für Vor- und Frühgeschichte aus dem Kunsthandel angekauft wurde (Menghin 2000, S.32-37).

Autopsie: Untersuchung des Berliner Goldhutes

Abb. 2: Der Berliner Goldhut. Höhe 74,5 cm. Papierdünn aus einem Stück Gold nahtlos getrieben und punziert. Im Falz zwischen Kalotte und Krempe ein bandförmiger Bronzering, Krempe mit Randseele aus tordiertem Vierkantdraht. Gewicht 490 Gramm. Foto MVF Berlin

Der 74,5 Zentimeter hohe Hohlkörper aus papierdünn ausgetriebenem Gold ist formal in den annähernd konischen Schaft, die 100 Zentimeter hohe Kalotte und die 5,5 x 5,2 Zentimeter breite Krempe gegliedert. Der Schaft wird durch 16 profilierte horizontale Treibwülste strukturiert und ist von der Kalotte durch einen 1,8 Zentimeter hohen gefalteten Übergang abgesetzt. Im Falz zwischen Kalottenfuß und Krempe befindet sich ein Bronzeband von ca. einem Zentimeter Breite und 20,3 x 17,5 Zentimeter Durchmesser. Der Umbruch zur leicht verformten Krempe mit Außenmaß 30,7 x 29,5 Zentimeter ist gefältelt, im nach oben umgeschlagenen Krempenrand ist ein tordierter bronzener Vierkantdraht als Randseele eingelassen (Abb. 2). Die Verzierung besteht flächendeckend aus sauber in die 18 horizontalen Zonen in unendlichem Rapport gesetzten 418 Scheibensymbolen mit zwei, drei, fünf oder sechs konzentrischen Ringen sowie einem Band mit einem Fries aus zwei Mal 19 Sonderzeichen (38) und einem achtstrahligen Stern an der Spitze. Die Muster in den beiden Zonen auf der Krempe sind in der Draufsicht im Negativ zu sehen. Der Goldhut ist nahtlos aus einer Goldlegierung mit 9,8 Prozent Silber, 0,4 Prozent Kupfer und 0,1 Prozent Zinn auf eine Wandstärke von durchschnittlich 0,006 Zentimeter ausgetrieben und wiegt mit Bronzeeinlagen 490 Gramm.

Bis auf geringste Fehlstellen ist der Berliner Goldhut als einziges Objekt vom „Typ Schifferstadt" in seiner ursprünglichen Form erhalten. Zu einem unbekannten Zeitpunkt nach der Bergung des Fundes wurde die Oberfläche zwar zum Teil vorsichtig mit Seifenlauge gereinigt, glücklicherweise kam es aber zu keinen Restaurierungen größerer Art.

Vertikale Quetschfalten entlang des Schaftes, ein Knick am Ansatz der Kalotte und ein Riss in der Krempe machen wahrscheinlich, dass der Goldhut ursprünglich, wie im Fall von Schifferstadt eindeutig überliefert und für den Goldkegel von Ezelsdorf erschlossen ist, aufrecht stehend vergraben und im Lauf der Jahrtausende durch den Erddruck zusammengedrückt, bis er nach dem Auffinden wieder aufgerichtet wurde (Menghin 2010, S. 25).

Abb. 3: Unteransicht des Berliner Goldhutes. Muster auf der Krempe von unten im Positiv (Zone 20 und 21). Rand mit tordierter Randseele und Falz mit Bronzeband am Übergang zur Kalotte. Stempelabdrucke innen prägnanter als außen. Durchmesser maximal: 30,7 x 29,5 cm. Foto MVF Berlin

Der originale Zustand des Berliner Goldhutes trägt auch zur Klärung der Funktion der Funde vom Typ Schifferstadt bei (Gerloff 1995, S. 160). Die Öffnung der zehn Zentimeter hohen helmartigen Kalotte ist oval und entspricht – samt einem gedachten Futter aus organischem Material – der modernen Hutgröße 56 bis 58. Zudem sind die Ornamente auf der Krempe des „Hutes" auf der Unterseite im Positiv zu sehen, sodass anzunehmen ist, dass der Träger der hybriden Kopfbedeckung von erhabener Stellung aus agierte (Abb. 3).

Analyse: Systematik der Ornamente

Die Ornamentik des Berliner Goldhutes weist eine strenge Systematik auf, der offensichtlich ein logisches Ordnungsprinzip zu Grunde liegt. Die 19 Zonen zwischen Spitze und Krempenrand mit Buckelscheiben, mit alternierend zwei, drei, fünf und sechs konzentrischen Ringen im unendlichen Rapport sowie eine Zone mit Sonderzeichen, können aufgrund ornamentaler Auffälligkeiten in drei, jeweils sieben Zonen umfassende Abschnitte gegliedert werden (Abb. 4, 1-2).

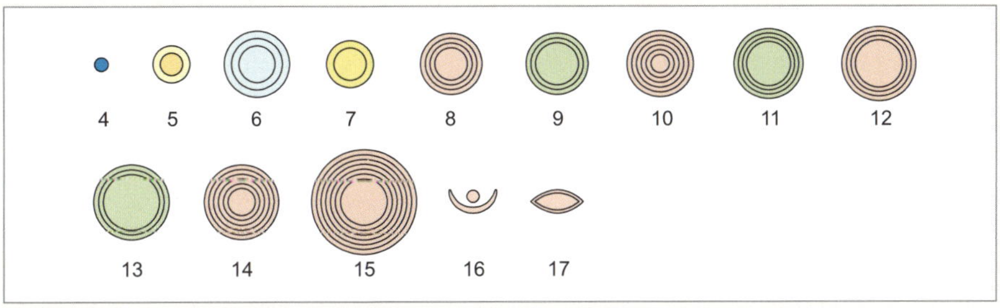

Abb. 4, 1: Die Musterstempel 4 bis 17 im Ornament des Berliner Goldhutes. Grafik MVF Berlin

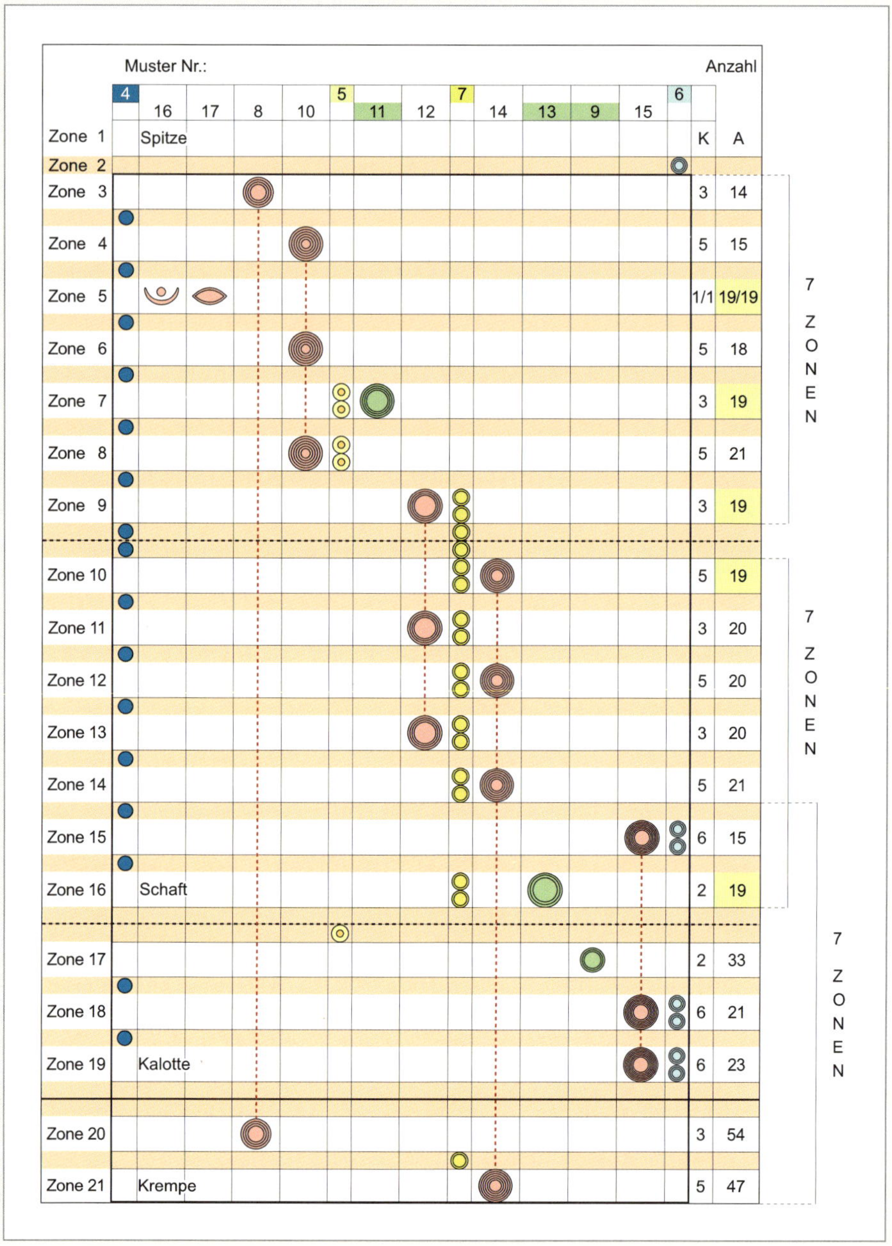

Abb. 4, 2: Ornamentanalyse mit Verteilung der Musterstempel und ihrer Anzahl pro Zone (A = Anzahl; K = Anzahl der konzentrischen Ringe pro Scheibenbuckel). Grafik MVF Berlin

Die Zahlensymbolik, die sich auch in sechs Zonen mit jeweils 19 Zeichen widerspiegelt, ist neben dem Material Gold und der hybriden Form ein weiteres Indiz, um den Hut in den Bereich des Kultischen zu rücken. Die astralen Bezüge werden vollends klar, wenn im ikonographischen Vergleich mit Bilddenkmälern aus Anatolien, der Levante und Mesopotamien sowie Ägypten der achtstrahlige Stern an der Spitze und die 19 Augenmuster als Metaphern für die Venus, die 19 liegenden Sicheln mit Punkt für den Mond und die 418 Buckelscheiben mit konzentrischen Kreisen sowohl für die Sonne als auch den vollen Mond und damit als kosmische Piktogramme für die drei hellsten Gestirne am Firmament gedeutet werden (Menghin 2000, S. 93-99).

Hypothese: Bronzezeitliches Kalenderwerk im Ornament

Die Synthese dieser Beobachtungen führt zur Hypothese, dass sich im Ornament des Goldhutes ein bronzezeitliches Kalenderwerk verbirgt, das empirisch im Algorithmus der natürlichen Zeitzyklen nachgewiesen werden kann: Der Tag, die Zeit von Sonnenaufgang zu Sonnenaufgang, die Monate mit den Phasen von Neumond zu Neumond in 29 ½ Tagen und dem Mondjahr von 354/55 Tagen sowie das Sonnenjahr mit 365 ¼ Tagen, das durch die Kardinalpunkte der Sonnenwenden und Tagundnachtgleichen in Viertel zu 91 ¼ Tagen geteilt ist, sind die Fakten, aus denen heraus das Kalendarium entwickelt wurde.

Hauptanliegen ist dabei die Synchronisation des Laufs der Sonne und des Mondes (Menghin 2010, S. 49 f.). Alle anderen Zeitzyklen wie die Teilung des Jahres in zwölf Monate und 52 Wochen sowie die Teilung des Tages in 24 Stunden zu 60 Minuten und diese wiederum in 60 Sekunden beruhen, außer der Siebentagewoche, auf dem aus dem vorderen Orient seit alters bekannten Sexagesimalsystem und sind kulturinterne Vereinbarungen.

Wie die Feineinteilung der Zeit im bronzezeitlichen Mitteleuropa ausgesehen hat, ob es etwa ein Äquivalent zur modernen Stunde und Minute gab, ist unbekannt und bleibt der Phantasie überlassen. Ebenso unbekannt sind die Namen der auf das Sonnenjahr bezogenen vier Jahreszeiten und die Namen der zwölf synodischen Monate im Verlauf des Mondjahres, die selbst aus alteuropäischen Trümmersprachen nicht mehr rekonstruiert werden können.

Der Code: Kalendarisch relevante Zahlen

Die Dechiffrierung des Systems beruht allein auf der kunsthistorischen Autopsie des Goldhutes und dem Algorithmus der Zahlenmengen im Ornament. Wenn die Hypothese vom Kalenderwerk im Ornament des Goldhutes greifen soll, dann müssen in der Numerik der Zeichen in den 19 Zonen Zahlen mit einem kalendarischen Bezug auftreten. Das ist der Fall, wenn nicht die einzelnen Zeichen, sondern die konzentrischen Ringe der Buckelscheiben als Zähleinheiten aufgefasst werden. Die Summe stempelgleicher Muster oder die Addition der Ringe in der Rhythmik der Zonenabfolge ergeben dann kalendarisch relevante Zahlen wie 177, 354/55 oder 365, 366, was zugleich dahingehend gedeutet werden kann, dass sich im System Algorithmen sowohl für einen Sonnen- als auch für einen Mondkalender verbergen (Menghin 2010, S. 47-49, Abb. 53-54).

Die 19 Zonen zwischen Spitze und Krempenrand des Berliner Goldhutes sind mit 418 Scheibenbuckeln mit jeweils zwei, drei, fünf und sechs konzentrischen Ringen sowie einem Doppelfries aus je 19 Sondersymbolen verziert. Drei der Scheibenbuckel (Nr. 11; 13; 5) kommen in jeweils nur einer Zone vor (Z 7; Z 16; Z 17) und ermöglichen systemimmanent – empirisch durchgerechnet – als „Schaltzonen" entweder durch Berücksichtigen oder Ignorieren ihrer Zahlenwerte einen flexiblen Umgang beim Abgleich solarer und lunarer Zyklen (Abb. 5).

Insgesamt weist das Ornament auf Schaft, Kalotte und Krempe in der Summe der Buckelscheiben 1701 Ringe sowie zweimal 19 Sonderzeichen und damit 1739 Zähler auf. Wenn diese identisch mit den Tagen (d) und die Hypothese vom Kalenderwerk zur These wird, sprechen alle Indizien dafür, dass die Zahl 1739 einerseits eine Annäherung an den Zyklus von 19 Vierteljahren [19 x 91 ¼ d = 1733 ¾ (absolut 1735)

Berliner Goldhut				
I	**II**	**III**	**IV**	
Zone 1				
Zone 2				Spitze
Zone 3	14 x Nr. 8	3	42	
Zone 4	15 x Nr. 10	5	75	
Zone 5	(19 x 2) x Nr. 16+17	S	38	Schaft
Zone 6	18 x Nr. 10	5	90	
Zone 7	19 x Nr. 11	3	**57**	Schaltzone
Zone 8	21 x Nr. 10	5	105	
Zone 9	19 x Nr. 12	3	57	
Zone 10	19 x Nr. 14	5	95	
Zone 11	20 x Nr. 12	3	60	
Zone 12	20 x Nr. 14	5	100	Schaft
Zone 13	20 x Nr. 12	3	60	
Zone 14	21 x Nr. 14	5	105	
Zone 15	15 x Nr. 15	6	90	
Zone 16	19 x Nr. 13	2	**38**	Schaltzone
Zone 17	33 x Nr. 9	2	**66**	Schaltzone
Zone 18	21 x Nr. 15	6	126	
Zone 19	23 x Nr. 15	6	138	Kalotte
Zone 20	54 x Nr. 8	3	162	
Zone 21	47 x Nr. 14	5	235	Krempe
19	**418** + **38** (2x19)		**1739**	Summen

Abb. 5: Tabellarische Umsetzung des Zahlensystems im Ornament des Berliner Goldhutes. (I = Zone; II = Stempel-Nummer und Anzahl pro Zone; III = Zahl der konzentrischen Ringe pro Musterstempel; IV = Summe der Ringe pro Zone). Grafik MVF

bzw. 19 x 91 ½ d = 1738 ½ (1739!)] und 1739 andererseits eine Annäherung an die Tageszahl (d) für 59 synodischen Monate [(29,5 d x 59 = 1740 ½ (1739) bzw. 29,531 x 59 = 1742,329 (absolut)] darstellt. Dabei ist die Zahl 1739 der Mittelwert zwischen den astronomischen Werten 1735 für die solare und 1742 für die lunare Zählung und zugleich die Voraussetzung, dass das System überhaupt funktionieren kann (Menghin 2010, S. 55 ff.).

Synopse: Lunisolares Kalenderwerk im Ornament

Das im Ornament des Goldhutes verschlüsselte Kalenderwerk lässt sich in einer einfachen Kombinationstabelle darstellen. Der „Code“ zur Dechiffrierung des Systems ist die Annahme, dass ein Ring bzw. ein Sonderzeichen eine Zähleinheit bedeutet. Die Mechanik der Dekodierung geht weiter davon aus, dass die Addition der einzelnen Zoneninhalte nicht willkürlich, sondern strikt in der Zusammenfassung unmittelbar aufeinander folgender Zonen geschieht. Dabei kommt den Schaltzonen 7, 16, 17 durch ihre empirisch begründete Berücksichtigung innerhalb der systemrelevanten Blöcke eine besondere Bedeutung zu. Darstellbar werden damit in annähernder astronomischer Genauigkeit die Abfolge von 19 Vierteljahren oder/und 59 synodischen Monaten samt zwei Schaltmonaten jeweils spätestens nach der 30. und 57. Lunation (Abb. 6).

Die Interpretation des rechnerischen Befundes lässt nachvollziehen, dass sich im Ornament ein lunisolares Kalenderwerk verbirgt, das die Synchronisierung der natürlichen Zeitzyklen von Sonne und Mond ermöglicht. Die Differenz von etwa elf Tagen zwischen Sonnenjahr und Mondjahr mit seinen zwölf Lunationen sind im Ornament für einen Zeitraum von 4 ¾ (19 Vierteljahre) ablesbar fortgeschrieben. Die zwei Schaltmonate verhindern, dass die (Mond-)Monate nicht zu weit aus dem Rahmen der durch die Kardinalpunkte des Sonnenlaufs bestimmten, natürlichen Jahreszeiten fallen.

Der Zweck eines Lunisolarkalenders lässt sich am einfachsten mit der Festlegung des Osterfestes im ansonsten rein solaren Julianischen (später Gregorianischen) Kalender erläutern. Sie geht auf eine Vereinbarung des Konzils von Nicäa im Jahr 325 und auf die Berechnungen des Mönches Exiguus im 6. Jahrhundert zurück: Die Auferstehung Christi sollte als höchstes Fest im Kirchenjahr jeweils am ersten Sonntag nach dem ersten Vollmond nach der Frühjahrstagundnachtgleiche (21./22. März) gefeiert werden. Das Datum für Ostern (und alle davon abhängigen „beweglichen Feiertage“ im Kirchenjahr) pendelt damit zwischen frühestens 22. März und spätestens 25. April.

Dass ähnliche, vom Mondkalender vorgegebene Daten auch das religiöse Leben in der Bronzezeit prägten, darf angenommen werden. Zur Bestimmung der Festtage und sonstigen wichtigen Ereignisse im Jahreslauf war ein auf Langzeit orientiertes Kalenderwerk Voraussetzung, welches durch Naturbeobachtungen von „Wissenden“ über Generation entwickelt und mündlich überliefert worden war. Dabei zeigt der Berliner Goldhut mit seinen auf 4 ¾ Jahre angelegten Ornament nur ¼ des Gesamtsystems, das auf der Kenntnis des 19-jährigen Mondzyklus beruht: identische Konstellationen von Sonne und Mond kehren nach 19 Jahren bzw. (4 x 19) 76 Vierteljahren und 235 Lunationen (synodische Monate) wieder.

Dieser von Meton in Athen im 5. Jahrhundert v. Chr. astronomisch berechnete Zyklus ist auf dem Berliner Goldhut auf der Kalotte und den beiden Zonen auf der Krempe dargestellt, wenn die Ringe nicht als Tage, sondern als Zähleinheiten für Monate aufgefasst werden: Die 47 Scheibenbuckel mit fünf Ringen in Zone 21 ergeben 235 Zähler für die oben genannten synodischen Monate und die Zone 20 mit 162 Ringen, ergänzt durch die Schaltzone 17 mit 66 Ringen, die Zahl 228 entsprechend 76 Vierteljahren bzw. 19 Jahren (Menghin 2010, S. 53-55). Bei der graphischen Synchronisierung der Mondphasen mit dem Sonnenlauf ergeben sich rechnerisch sieben Schaltmonate, was belegt, dass das eingebettete Kalenderwerk im Ornament des Goldhutes ein in sich geschlossenes, logisches System ist (Abb. 7).

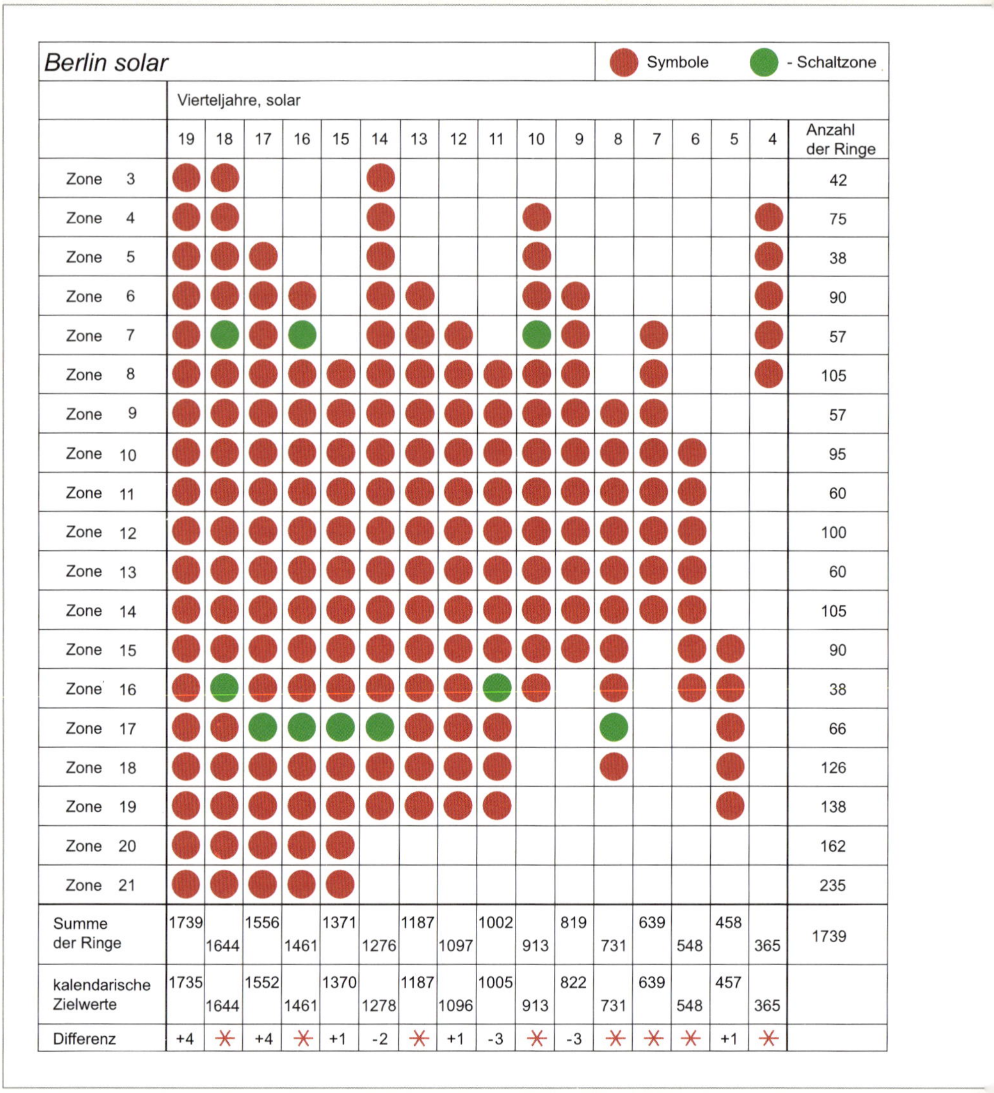

Abb. 6: Darstellung des Rechensystems im Ornament des Berliner Goldhutes. Die Zählung der Tage im Abstand von vier bis 19 Vierteljahren im Vergleich zu den absoluten kalendarischen Daten (* Zahl der Ringe absolut identisch). Parallel aufsteigend die Zählung der Tage für 4 ¾ Jahre mit den beiden Schaltungen im dreimonatigem Abstand von zwölf bis 59 synodischen Monaten. Grafik MVF Berlin

Ob der konstatierte „Gebundene Kalender" die einzige mögliche Interpretation des Zahlenwerks im Ornament des Goldhutes ist, bleibt offen. Eine andere Strukturanalyse des Ornamentes, eine andere Methodik und andere astronomische Richtwerte, die z. B. auf den siderischen Monat und die Sothis Periode aufbauen, lassen zyklische Mondfinsternisse im Ornament darstellen (R. Hansen, Chr. Rinck, S. 109-112), oder spezifische Zahlenwerte verweisen auf die Existenz eines Venuskalenders, wie jüngst vorgeschlagen wurde (Th. Schmidt-Kahler 2012, 189 ff.; bes. 201 ff.). Die Vorhersage von Mondfinsternissen ist für prähistorische Gesellschaften sicher von enormer Bedeutung, und auch die Kenntnis vom Lauf der Venus – dem Morgen- und Abendstern mit dem Emblem Stern oder Mandelauge – ist für die Kalenderrechnung von Bedeutung. Allerdings muss für diese Deutungsvorschläge festgehalten werden, dass sie mehr oder weniger unabhängig von der Realität des Ornaments und seines mathematischen Gesamtkonzepts auf beliebige, aber passende Zahlenwerte zurückgreifen.

Berlin lunar												● Symbole			◉ - Schaltzone			
	synodische Monate																	
	59	57	55	52	49	46	43	40	37	34	30	27	24	21	18	15	12	Anzahl der Ringe
Zone 3	●	●			●			●										42
Zone 4	●	●		●	●	●		●						●				75
Zone 5	●	●	●	●	●	●		●						●		●		38
Zone 6	●	●	●	●	●	●		●	●					●		●		90
Zone 7	●	◉	●	◉	◉	●		◉	◉					◉		●		57
Zone 8	●	●	●	●	●	●		●	●				●	●		●		105
Zone 9	●	●	●	●	●	●	●	●	●			●	●	●		●		57
Zone 10	●	●	●	●	●	●	●	●	●	●		●	●	●		●		95
Zone 11	●	●	●	●	●	●	●	●	●	●		●	●	●				60
Zone 12	●	●	●	●	●	●	●	●	●	●	●	●	●	●				100
Zone 13	●	●	●	●	●	●	●	●	●	●	●	●	●					60
Zone 14	●	●	●	●	●	●	●	●	●	●	●	●	●					105
Zone 15	●	●	●	●	●	●	●	●	●	●	●	●	●		●		●	90
Zone 16	●	●	●	◉	●	◉	●	◉	◉	◉	●	●	●		●		◉	38
Zone 17	●	●	●	◉	●	◉	◉	◉	●	●	●	●			●		◉	66
Zone 18	●	●	●	●	●	●	●	●	●	●	●	●			●		●	126
Zone 19	●	●	●	●	●	●	●	●	●	●	●				●		●	138
Zone 20	●	●	●	●	●	●	●			●	●				●			162
Zone 21	●	●	●	●	●		●											235
Summe der Ringe	1739	1682	1622	1536	1447	1358	1266	1181	1092	1002	885	797	710	620	530	442	354	1739
kalendarische Zielwerte	1742	1683	1624	1536	1447	1358	1270	1181	1093	1004	880	797	709	620	532	443	354	
Differenz	-3	-1	-2	✳	✳	✳	-4	✳	-1	-2	+1	✳	+1	✳	+2	+1	✳	

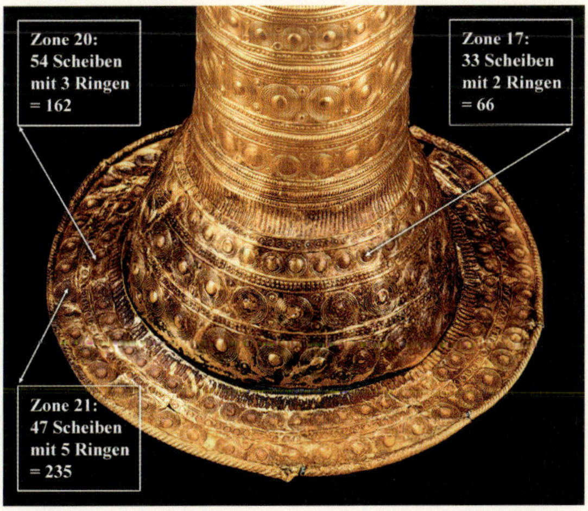

Abb. 7: Kalotte und Krempe des Berliner Goldhutes mit Schaltzone 17 und den Zonen 20 und 21 auf der Krempe. Wenn ein konzentrischer Ring für einen Monat gilt, belegen die Zone 21 die 235 synodischen Monate und die Summe der Zonen 17 und 20 die 228 Sonnenmonate (76 Vierteljahre) des 19 Jahre währenden Mondzyklus. Foto MVF Berlin

Epikrise: Goldhut als außergewöhnliche kulturelle Leistung

Das im Ornament des Berliner Goldhutes dargestellte System zur Berechnung kalendarischer Daten ist zwar in sich schlüssig, weicht aber in den Ergebnissen sowohl im solaren, als auch im lunaren Bereich in der Quersumme um drei bzw. acht Tage von den astronomischen Werten ab, obwohl elf von 16 Daten im vierteljährlichen Rhythmus absolut oder mit einem Tag Abweichung bzw. zwölf von 17 Daten von den kalendarischen Zielwerten abweichen (vgl. Abb. 6). Die Abweichungen sind systemimmanent, einmal, weil die Tageszählung für einen beliebigen Zyklus immer um einen halben Punkt variieren kann und zum anderen, weil dem System ein Mittelwert (1739) für die Synchronisierung der Mondphasen mit dem Sonnenlauf zu eigen ist, der einen Fehlerquotienten von -3 bzw. +4 zur Folge hat. Dennoch zeigen sich in der praktischen Anwendung des Rechensystems durchaus Möglichkeiten, ein lunisolares Kalenderwerk zu generieren. Als Beispiel mögen die Zyklen zwölf bis 15 Vierteljahre parallel zu den drei Monatszyklen

Berliner Goldhut

4/4 J	365	-	354	12 L	= 11 d
5/4 J	458	-	442	15 L	= 16 d
6/4 J	548	-	530	18 L	= 18 d
7/4 J	639	-	620	21 L	= 19 d
8/4 J	731	-	710	24 L	= 21 d
9/4 J	820	-	797	27 L	= 22 d
10/4.J	913	-	885	30 L	= 28 d
					Schalten +1
11/4 J	1002	-	1002	34 L	= **0** d
12/4 J	1097	-	1092	37 L	= 5 d
13/4 J	1187	-	1181	40 L	= 6 d
14/4 J	1276	-	1272	43 L	= 10 d
15/4 J	1371	-	1358	46 L	= 13 d
16/4 J	1461	-.	1447	49 L	= 14 d
17/4 J	1556	-	1536	52 L	= 20 d
18/4 J	1644	-	1622	55 L	= 22 d
19/4 J	1739	-	1713	58 L	= 26 d
					Schalten +2
19/4 J	1739		1739	59 L	= **0** d
					Summe = **54** d

Abb. 8: Der Berliner Goldhut in seiner Funktion als zylindrischer Rechenschieber und die digital abgegriffenen Tagesdifferenzen im vierteljährigen Rhythmus. Grafik MVF Berlin

von 37 bis 46 Lunationen heraus gegriffen werden (Abb. 8): Wie bei einem zylindrischen Rechenschieber ergeben sich beim digitalen Abgreifen der Zonen (rot = solar; blau = lunar; grün = Schaltzone eliminiert) die Differenzen an Tagen, die zur Festlegung der an den Mondkalender gebundenen Feste im Sonnenjahr verbindlich sind.

Bei diesem Sachstand stellt sich naturgemäß die Frage, welche Bedeutung das Zahlenwerk, das im Ornament verborgen war, für den Zeitgenossen in der Bronzezeit tatsächlich hatte. War der Goldhut mit seinen astralen Emblemen und in seiner zum Himmel strebenden Form bloße Manifestation von Macht in einer von der kosmischen Ordnung bestimmten Religion, die jedermann erkennen konnte? Wahrscheinlicher ist, dass den Sinn des Ornaments nur die „Kundigen" und Angehörigen der Elite einer bronzezeitlichen Gesellschaft kannten, die das Wissen über die kosmischen Zusammenhänge über Generationen hinweg gesammelt und mündlich überliefert hatten. War das im Ornament gespeicherte Wissen eine Art Memogramm, an dem sich die „Wissenden" über

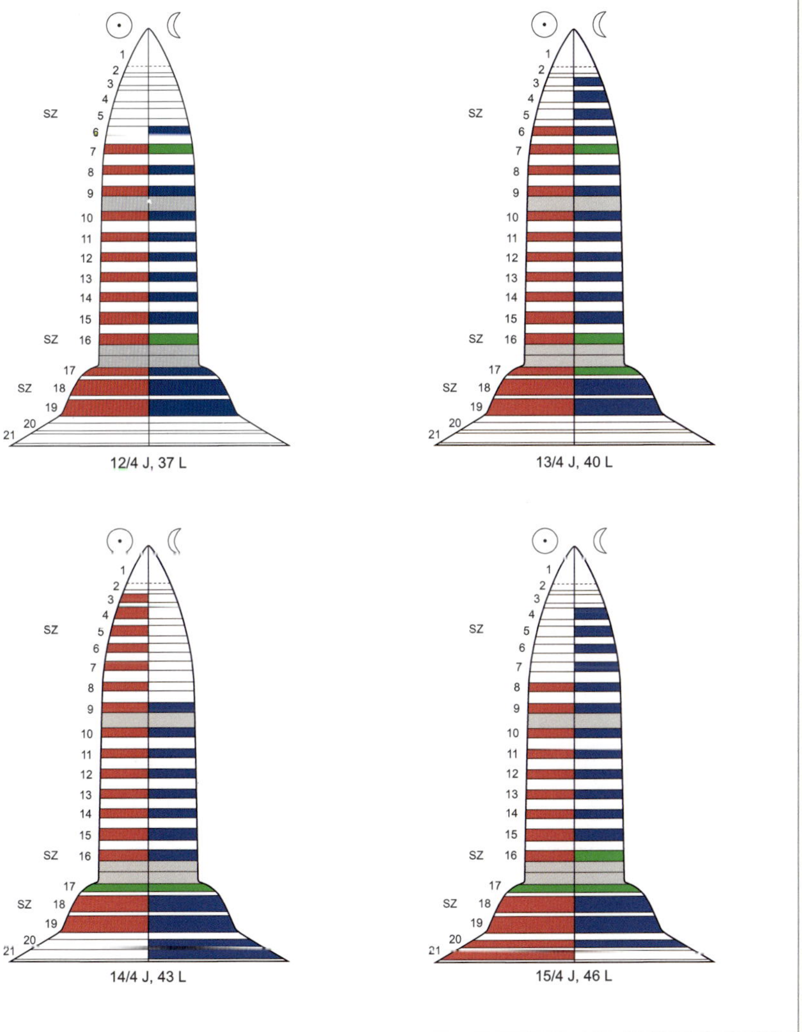

lange Zeiträume orientieren konnten, oder war das Ornament in der goldenen Tiara primär und tatsächlich nur ein kultisch verbrämtes Medium zur Strukturierung der Zeit, mit dem die Kultherren – vielleicht Priesterkönige – über ihre Gemeinschaft als „Herren der Zeit" herrschten? Oder ist das Ornament gar nur inhaltloses „Ornament", in dem, wie es skeptische Zeitgenossen gerne sehen möchten, außer den astralen Emblemen nichts auf ein Kalenderwerk hinweist?

Die vier bisher bekannten Goldhüte vom Typ Schifferstadt decken sich in ihrer Herkunft aus Mittelfrankreich, der Pfalz und Ostbayern mit der Verbreitung der Urnenfelderkulturen. In dieser spätbronzezeitlichen Epoche spielten vom 14. bis zum 9. Jahrhundert v. Chr. die Goldhüte eine bedeutende Rolle in der alteuropäischen Religion. Der Goldene Hut von Schifferstadt mit seinen relativ beschränkten kalendarischen Aussagen steht am Anfang der Entwicklung, die in den über Jahrhunderte währenden Urnenfelderkulturen bis hin zum komplexen Kalenderwerk im Berliner Goldhut und dem gleichermaßen mathematisch durchdachten Goldkegel von Ezelsdorf Buch führte (Menghin 2010, S. 65-69).

Astronomie oder besser Astrologie war geheimes Wissen und wurde nur von Wenigen beherrscht. Die Darstellung eines gebundenen Kalenders auf den Goldhüten mit konischem Schaft, Spitze, Kalotte und Krempe ist, abgesehen von der exzeptionellen Goldschmiedearbeit, von der Idee und den mathematischen Berechnungen her eine außergewöhnliche kulturelle Leistung der europäischen Bronzezeit. Denn bis das Ornament in der gewünschten Ordnung in das Goldblech eingepresst werden konnte, war ein langer Vorlauf mit Berechnungen und Modellen notwendig, wobei sich unter anderem zeigt, dass man fähig war, Kreisumfänge zu berechnen, damit das auf eine, zwei, drei fünf und sechs aufbauende System digital dargestellt werden konnte.

Literatur

Raschke (1954): Raschke, Georg, Ein Goldfund der Bronzezeit von Ezelsdorf-Buch bei Nürnberg (Goldblechbekrönung). In: Germania 32, 1954, S. 1-6.

Menghin/Schauer (1977): Menghin, Wilfried und Schauer, Peter, Magisches Gold, Kultgerät der späten Bronzezeit. 125 Jahre Germanisches Nationalmuseum 1852-1977. Germanisches Nationalmuseum Nürnberg 1977.

Gerloff (1985): Gerloff, Sabine, Bronzezeitliche Goldblechkronen aus Westeuropa. Betrachtungen zur Funktion der Goldblechkegel vom Typ Schifferstadt und der atlantischen „Goldschalen" der Form Devil's Bit und Axtroki. In: Albert Jockenhövel (Hrsg.), Festschrift für Hermann Müller-Karpe zum 70. Geburtstag (1995), S. 153-194, bes. S. 160.

Kocher (1995): Kocher, Kurt E., Der Diskos von Phaistos. Kalender der Vorgeschichte. Analysen, Analogien (1995).

Menghin (2000): Menghin, Wilfried, Der Berliner Goldhut und die goldenen Kalendarien der alteuropäischen Bronzezeit. In: Acta Praehistorica et Archaeologica 32, 2000, S. 31-103.

Springer (2003): Springer, Tobias, Der Goldkegel von Ezelsdorf-Buch. Ein Einzelfund und seine Parallelen. In: Gold und Kult der Bronzezeit. Germanisches Nationalmuseum, Nürnberg 2003. S. 238-250.

Sperber (2009): Sperber, Lothar, Der Goldene Hut von Schifferstadt. Objekt, Deponierung, Datierung. In: Historisches Museum der Pfalz (Hrsg.), Der Goldene Hut von Schifferstadt, Speyer 2009.

Menghin (2010): Menghin, Wilfried, Der Berliner Goldhut. Macht, Magie und Mathematik in der Bronzezeit. Die Sammlungen des Museums für Vor- und Frühgeschichte. Band II. Staatliche Museen zu Berlin, Stiftung Preußischer Kulturbesitz. Schnell und Steiner, Regensburg 2010.

Schmidt-Kahler (2012): Schmidt-Kahler, Theodor, Ein Venuskalender auf dem Berliner Goldhut. Zur Entstehung und Entwicklung der Goldhüte als Kalender-Geräte. In: Markus Mergenthaler u. Margarete Klein-Pfeuffer (Hrsg.), Mythos Bullenheimer Berg (Dettelbach 2012), S. 189-207.

Lunisolarkalender und Kalenderzahlen am Beispiel des Kalenders von Coligny

Dr. Burkard Steinrücken

Die Kalender, die in prähistorischer Zeit verwendet wurden, sind uns nicht überliefert. In der Archäoastronomie wird anhand von Symbolen und Symbolzahlen auf herausragenden Kultobjekten wie z. B. den bronzezeitlichen Goldhüten, dem Sonnenwagen von Trundholm und der Himmelsscheibe von Nebra der Versuch unternommen, prähistorische Zeitrechnungssysteme zu erschließen. Grundlage dieser Methode ist die Interpretation der Symbolzahlen als strukturrelevante Zahlen eines Kalenders. Auch wenn vieles dafür spricht, dass diese herausragenden Objekte im Kontext von Kult und Zeitrechnung zu deuten sind, zu eindeutigen und belastbaren Erkenntnissen, geschweige denn zu einer Vorstellung über den praktischen Gebrauch eines Kalenders in einer schriftlosen Kulturepoche, führen diese Kalenderrekonstruktionen nicht.

Ein Kalender, dessen Wurzeln bis in die schriftlose Zeit des ersten Jahrtausends vor Christus, in seinen Grundzügen vielleicht sogar bis in die Bronzezeit, zurückreicht, ist der keltische Kalender von Coligny im Departement Ain in Frankreich. Die bronzene Kalendertafel, die sich aus 153 wiedergefundenen Fragmenten zusammensetzen ließ und zu rund 45 Prozent erhalten ist, entstammt dem zweiten Jahrhundert nach Christus und damit der gallorömischen Kulturepoche Galliens (Duval & Pinault 1986). Anhand dieses in lateinischer Schrift überlieferten keltischen Zeitrechnungssystems wird hier dargestellt, wie ein praxistauglicher realer Lunisolarkalender aufgebaut war und wie einige wenige wiederkehrende Zahlen seine Struktur bestimmen.

Astronomische Grundlagen

Die astronomischen Grundlagen für einen Lunisolarkalender sind die Bewegungen von Sonne und Mond in Gestalt der mittleren Zykluslängen für den synodischen Monat sowie das tropische Jahr. Auf der Grundlage dieser mittleren Werte für die Umlaufzeit des Mondes bezüglich der mittleren Sonne (synodischer Monat) bzw. der Sonne bezüglich des Frühlingspunktes (tropisches Jahr) berechnet ein Kalender den Stand von Sonne und Mond. Genauer ausgedrückt: Er berechnet den Stand einer „Kalendersonne" und eines „Kalendermonds" - zwei fiktiven Himmelskörpern, die den vereinfachten Prinzipien der Kalenderrechnung gehorchen, aber auch möglichst gut den Lauf der realen Himmelskörper nachbilden sollen.

Ein Kalender ignoriert damit bestimmte astronomische Tatsachen, wie z. B. die sich verändernde Geschwindigkeit von Sonne und Mond, und nähert den Lauf der Gestirne durch gleichmäßig wandernde Idealkörper, die nach Ablauf bestimmter Zeiten, den Kalenderzyklen, zu ihren Ausgangsstellungen zurückkehren. Dabei zählt ein Kalender Zeiträume zweckgemäß in ganzen Tagen. Da die wirklichen Himmelskörper Sonne und Mond sich in ihrem Lauf nicht an die Einschränkung der Ganzzahligkeit ihrer Zykluslängen in Tagen halten, kommen weitere Abweichungen zwischen der Natur und den Kalendergestirnen ins Spiel. Durch die Bildung geeigneter Kalenderzyklen und durch die zusätzliche Einschaltung von Schalttagen oder Schaltmonaten sollen diese Abweichungen wenigstens innerhalb größerer Zeitspannen und wenigstens den mittleren Lauf der Gestirne betreffend, möglichst minimiert werden. Und das idealerweise noch mit einem einfachen und praktikablen System, das man sich leicht merken kann, so dass es sich als Grundlage für die Zeitrechnung einer Gesellschaft eignet.

Die mittleren Zykluslängen variieren im Lauf der Jahrhunderte ein wenig (Newcomb 1898, Chapront-Touzé & Chapront 1991), was berücksichtigt werden sollte, wenn sich die Betrachtung auf weit in der Vergangenheit zurückliegende Zeiten bezieht. Sie betragen heute (bzw. vor 2000 Jahren):

1 tropisches Jahr	=	365,242193 Tage	(365,242315 Tage)
1 synodischer Monat	=	29,530589 Tage	(29,530585 Tage)

Ein Lunisolarkalender stellt das Verhältnis des tropischen Jahres zum synodischen Monat näherungsweise als Bruch aus zwei geeigneten Zahlen n und m dar, der das „wahre Verhältnis" möglichst gut annähert:

$$\frac{365{,}242315}{29{,}530585} = 12{,}368272\ldots \cong \frac{m}{n}$$

Im Näherungsbruch steht im Zähler die Zahl m der synodischen Monate und im Nenner die Zahl n der Jahre eines Lunisolarzyklus. Geeignete Zahlen n und m erhält man mit sukzessiv gesteigerter Genauigkeit durch die so genannte Kettenbruchentwicklung. Tabelle 1 enthält zur Auswahl einige Näherungen und Kombinationen, die zu bekannten Lunisolarzyklen führen.

Jahre	Tage	Monate	Tage	Differenz	Bemerkung
1	365,24	12	354,37	10,9	Unterschied Sonnen- / Mondjahr
3	1095,73	37	1092,6	3,1	3-Jahreszyklus, Triëteris
4	1460,97	49	1447,00	14,0	Julianischer Kalender
5	1826,21	62	1830,90	-4,7	keltischer 5-Jahres-Zyklus
8	2921,94	99	2923,53	-1,6	8-Jahreszyklus, Oktaëteris
19	6939,60	235	6939,69	-0,1	19-Jahreszyklus, Meton-Zyklus
30	10957,27	371	10955,85	1,4	30-Jahreszyklus (Plinius)

Tabelle 1: Kalenderzyklen und ihre Eignung als Lunisolarzyklen

Verschiedene Lunisolarzyklen und ihre Genauigkeit

Ausgangspunkt für die Wahl eines Kalenderzyklus sind die Daten in Tabelle 1. Neben den Näherungslösungen der Kettenbruchentwicklung kann man weitere Zyklen durch die Kombination von kleineren Zyklen finden. Der fünfjährige Zyklus im Kalender von Coligny z. B. ergibt sich durch die Kombination eines zweijährigen und des dreijährigen Zyklus (Triëteris). Der wahrscheinliche Großzyklus des keltischen Kalenders von 30 Jahren besteht aus einem Meton-Zyklus (19 Jahre), einer Oktaëteris (acht Jahre) und einer Triëteris (drei Jahre). Er steigert die Genauigkeit des Meton-Zyklus nicht, bietet aber den Vorteil, dass nach einem regelmäßigen Muster Schaltmonate eingefügt werden können. Im Meton-Zyklus ist ein einfaches reguläres Schema wie im 30-Jahres-Zyklus nicht möglich.

Die hohe Genauigkeit des 19-Jahreszyklus relativiert sich etwas, wenn er in einem realen Kalenderzyklus praktisch umgesetzt wird. Weil ein Kalender auf einer ganzen Zahl von Tagen basiert, ist die Genauigkeit eines Kalenderzyklus nicht zwangsläufig die des astronomischen Zyklus. Ein Zyklus, dessen Länge in Tagen nahe an der Ganzzahligkeit liegt, kann daher einen Vorteil in der Genauigkeit bei der Abbildung auf ein Kalendersystem bieten.

Der Meton-Zyklus (eingeführt in Griechenland von Meton und Euktemon im Jahr 432 v. Chr., aber wahrscheinlich aus Babylon übernommen, wo er schon etwas länger in Gebrauch war) büßt einen Teil der Genauigkeit des 19-Jahreszyklus ein, weil dessen Länge mit 6939,60 bzw. 6939,69 Tagen und einem Fehler von einem Tag in 211 Jahren (19/0,09) merklich entfernt liegt von den 6940 Tagen des Meton-Zyklus. Das Kalenderjahr besitzt im Meton-Zyklus eine Länge von 6940/19 = 365,2632 Tage und der Kalendermonat eine Länge von 6940/235 = 29,5319 Tage. Im Sonnensektor beläuft sich der Fehler des einfachen Meton-Zyklus mithin auf einen Tag in 48 Jahren (1/(365,2632-365,242315)). Im Mondsektor sammelt er jeden Monat 29,5319 -29,530585 = 0,001315 Tage Fehler an, was sich in 235 Monaten zu 0,309 Tagen summiert, folglich zu einem Fehler von einem Tag in 62 Jahren (19/0,309).

Kallippos von Kyzikos vervierfachte den Meton-Zyklus zum so genannten Kallippischen Zyklus, wobei er einen Tag herausstrich und die Zykluslänge auf 4 x 6940 - 1 = 27759 Tage festlegte. Die Jahreslänge im Kallippischen Zyklus beträgt demnach 27759/76 = 365,25 Tage und ist damit genau so lang wie im Julianischen Kalender. Im Sonnensektor macht der Kallippische Zyklus mithin nur noch einen Fehler von einem Tag in 130 Jahren (1/(365,25 - 365,242315)). Im Mondsektor erhält man eine Monatslänge von 27759/(4 x 235) = 29,53085 Tage, und damit erhöht sich auch dort noch die Genauigkeit. In einem Monat weicht der Kalendermond vom mittleren Mond nur um 29,53085 - 29,530585 = 0,000265 Tage ab, in 4 x 235 Monaten bzw. 76 Jahren folglich um 0,249 Tage und damit um einen Tag in 305 Jahren (76/0,249).

Der Schritt von den astronomischen Ausgangsdaten (siehe Tabelle 1) hin zu einem Kalender, in dem die Länge des Kalenderzyklus in einer ganzen Zahl von Tagen festgelegt ist, führt sowohl in das Reich der Mathematik als auch in die Zeitvorstellung der jeweiligen Kultur. Kulturabhängig ist z. B. die Entscheidung, ob die alltägliche Zeitzählung nach der Sonne oder dem Mond erfolgen soll. Ein Kalender in Sonnenzeit (Wiederholung der Zählung nach Ablauf des Sonnenjahres; Jahreseckdaten der Sonnenwenden und Äquinoktien auf möglichst immer gleichen Kalenderdaten wie z. B. im Julianischen und Gregorianischen Kalender) basiert zweckmäßigerweise auf einem Zyklus, der im Sonnensektor eine möglichst ganze Zahl von Tagen enthält (z. B. n = 4, Julianischer Kalender, siehe Tabelle 1). Soll der Kalender in Mondzeit zählen (gleiche Mondphasen auf gleichen Kalenderdaten innerhalb der verschiedenen Monate), so wird man einem Zyklus den Vorzug geben, der in Mondzeit (bei ganzen Zahlen von Monaten) eine möglichst ganze Zahl von Tagen aufweist.

Als illustrierendes Beispiel für die Konstruktion eines Kalenders sei der Vierjahreszyklus gewählt. In 49 synodischen Monaten liegen 1447,00 Tage, was im Mondsektor eines Lunisolarkalenders, der 23 hohle Monate (mit jeweils 29 Tagen) und 26 volle Monate (mit jeweils 30 Tagen), die auf die Zeitspanne von 49 Monaten möglichst gleichmäßig zu verteilen sind, zu einer praktisch fehlerlosen Mondrechnung mit vier Mondjahren zu jeweils zwölf Monaten (zwölf synodischen Monaten bzw. Lunationen) plus einem Schaltmonat führt. Allerdings ist dies ein sehr schlechter Lunisolarkalender, da es innerhalb dieses Zyklus zu einer Abweichung von 14 Tagen zwischen Mond- und Sonnenzeit kommt. Die Sonne benötigt nach 49 Monaten noch 14 Tage, um zu ihrem Ausgangspunkt zurückzukehren. Verdoppelt man diesen Zyklus nun zu einem achtjährigen Zyklus, so summiert sich der Fehler zwischen Mond und Sonnenzeit auf 28 Tage, was fast einem ganzen synodischen Monat entspricht. Nach 2 x 49 = 98 Monaten ist die Sonne folglich einen Monat zurück. Lässt man den Mond nun noch einmal umlaufen, so gibt man der Sonne die nötige Zeit, um ihren Rückstand am Himmel aufzuholen und wieder in die Ausgangsstellung zurückzukehren. Ein Kalender mit 2 x 49 + 1 = 99 Monaten innerhalb von acht Jahren ist demnach ein recht guter Lunisolarkalender, weil in einer ganzen Zahl von

Jahren auch fast genau eine ganze Zahl von Monaten liegt. Dieser Achtjahreszyklus war auch tatsächlich unter der Bezeichnung Oktaëteris im antiken Griechenland bis über die Zeit der Einführung des Meton-Zyklus hinaus in Gebrauch (Cleostratos von Tenedos, um 520 BC), bevor er letztlich durch den Kallippischen-Zyklus abgelöst wurde. Vor der Einführung der Oktaëteris schaltete man in einer Spanne von zwei Jahren einen Schaltmonat ein, womit 25 synodische Monate auf zwei Jahre kamen. Ein früher Lunisolarkalender in Griechenland, der Solon von Athen (7. - 6. Jahrhundert v. Chr.) zugeschrieben wird, besaß 6 x 30 + 6 x 29 = 354 Tage im ersten Jahr und 354 + 30 = 384 Tage im zweiten Jahr. Dieser Zweijahreszyklus enthält 738 Tage, womit man auf eine Monatslänge von 738/25 = 29,52 Tagen und eine Jahreslänge von 738/2 = 369 Tagen kommt; eine große Abweichung zum tropischen Jahr, die nicht lange unbemerkt bleiben konnte. Besser ist die Triëteris (Dreijahreszyklus) mit 37 Monaten in drei Jahren. Bei einer Rechnung in Mondzeit erhält der Zyklus 1093 Tage, die man auf drei Mondjahre mit 354, 355 und 384 Tagen verteilen kann. Damit erhält man eine Monatslänge von 1093/37 = 29,5405 Tagen und eine Jahreslänge von 364,3333 Tagen, mit einem jährlichen Fehler von etwa einem Tag im Sonnensektor.

Steigerung der Zyklusgenauigkeit - vom Fünfjahreszyklus zum 30-Jahreszyklus

Kombiniert man den Zwei- und Dreijahreszyklus, so erhält man einen Fünfjahreszyklus mit 738 + 1093 = 1831 Tagen bzw. 62 synodischen Monaten. Er produziert im Mondsektor einen Fehler von 0,1 Tagen (bzw. einem Tag in 50 Jahren) und im Sonnensektor einen Fehler von 1831 - 1826,21 = 4,79 Tagen, dort mithin einen Fehler von ca. einem Tag pro Jahr. Die Sonne ist vor Ablauf von 1831 Tagen am Ausgangspunkt zurück, läuft also um etwa einen Tag pro Jahr zu schnell. Im Mondsektor ist der Fünfjahreszyklus recht gut, im Sonnensektor schlecht. Durch die sechsmalige Anwendung des Fünfjahreszyklus summiert sich der Fehler im Sonnensektor auf 28,74 Tage, was ungefähr einem Monat entspricht. Durch den Wegfall eines Schaltmonats innerhalb von sechs Fünfjahreszyklen, die dann nur noch 6 x 62 - 1 = 371 Monate enthalten, erzielt man demnach wieder eine gute Übereinstimmung auch mit der Sonne.

Die 30-jährige Großperiode aus sechs Fünfjahreszyklen produziert einen Fehler zwischen dem Sonnenstand und dem Mondstand von nur 1,4 Tagen in 30 Jahren (Tabelle 1). Wie aber sind nun die separaten Fehler im Mondsektor und im Sonnensektor zu bestimmen? Der 30-Jahreszyklus beinhaltet gemäß der Vorgabe der Zykluslänge im Fünfjahreszyklus von 1831 Tagen insgesamt 6 x 1831 - 30 = 10956 Tage (der ausgefallene Schaltmonat enthält 30 Tage). Mit seinen 6 x 62 -1 = 371 Kalendermonaten weist er eine Monatslänge von 10956/371 = 29,53100 Tagen auf. Pro Monat beläuft sich der Fehler demnach auf 29,53100-29,530585 = 0,000415 Tage, was in 371 Monaten bzw. 30 Jahren zu einem Fehler von 0,154 Tagen führt, also zu einem Tag Fehler in 195 Jahren (30/0,154). Die Kalendersonne benötigt für einen Umlauf 10956/30 = 365,20 Tage, und der Fehler im Sonnensektor beläuft sich damit auf einen Tag in 24 Jahren (1/(365,242315 - 365,20)).

Durch eine kleine Umstellung der Zählweise der Sonnendaten im Kalender kann man die Genauigkeit im Sonnensektor des 30-Jahreszyklus noch ohne Mühe merklich erhöhen. Verschiebt man nämlich alle Daten der Sonnenwenden und Äquinoktien (Tagundnachtgleichen) im folgenden 30-jährigen Großzyklus um einen Tag auf ein späteres Datum als im vorangegangenen Großzyklus, so erweckt dies den Anschein, als benötige die Sonne einen Tag mehr für die Rückkehr zum Ausgangspunkt als bei einer Beibehaltung der ursprünglichen Sonnendaten in einem System mit 10956 Tagen. Für die Sonne erhöht sich damit die Zykluslänge auf 10957 Tage, und die Jahreseckdaten verschieben sich damit von Großzyklus zu Großzyklus jeweils um einen Tag in dem auf die Mondzeit aufgebauten Kalender. Der Fehler im Sonnensektor reduziert sich durch diese Verschiebung merklich, denn mit einer Zykluslänge von 10957 Tagen erhält man eine Jahreslänge für die Kalendersonne von 10957/30 = 365,2333 Tagen, was zu einem Fehler von einem Tag in 111 Jahren führt (1/(365,242315-365,2333)), eine mit dem Julianischen Sonnenkalender vergleichbare Genauigkeit.

Der Kalender von Coligny enthält zur Steigerung der Genauigkeit nach dieser Verschiebungsmethode ein solches Zählsystem, was für eine Erweiterung des dort enthaltenen Fünfjahreszyklus aus 62 Monaten zu einem Großzyklus spricht. Die aufsummierten Fehler aus sechs Basiszyklen werden so zum größten Teil eliminiert. Auf der Kalendertafel von Coligny befinden sich in Gestalt bestimmter Notationen restliche Hinweise auf eine Verwendung eines 30-Jahreszyklus, folgt man der Analyse und Interpretation von Garrett Olmsted (Olmsted 1992 & 2001). Er kann glaubhaft darlegen, dass sich im letzten Stadium des Kalenders, wohl kurz vor der römischen Eroberung im ersten Jahrhundert vor Christus, noch ein 25-jähriger Großzyklus entwickelt hat, der auf den oben angedeuteten Verschiebungstechniken basiert. Dieser 25-jährige Großzyklus ist derart komplex und entwickelt, dass seine Eignung für eine mündliche Überlieferung in einer schriftlosen Kulturepoche ausgeschlossen erscheint. Der 30-jährige Zyklus weist aber eine hohe Harmonie hinsichtlich seiner Gliederung auf, so dass er als ursprünglicher Großzyklus für die keltische Zeitrechnung in Frage kommt.

Der Kalender von Coligny

Im Jahr 1897 wurde etwa zwei Kilometer nördlich der kleinen Stadt Coligny im Département Ain in Frankreich ein besonderer Zufallsfund gemacht. Bei Feldarbeiten trat ein Depot aus zahlreichen Bronzefragmenten zutage, aus denen sich eine 174 Zentimeter große Statue, wahrscheinlich eine Darstellung des Gottes Mars oder Apollo, zusammensetzen ließ. Viele weitere Bruchstücke erwiesen sich als Reste einer 148 Zentimeter mal 90 Zentimeter großen Bronzetafel, auf der ein Steckkalender eingraviert war. Warum die unvollständigen Reste der zerbrochenen Bronzetafel dort vergraben wurden, bleibt rätselhaft.

Fragmente eines gleichartigen Kalenders wurden in zwei gallorömischen Heiligtümern in Villards d´Héria entdeckt, das nur rund 30 Kilometer östlich von Coligny im französischen Jura-Gebirge liegt, dem Land der Sequaner zur Zeit der Eroberung Galliens durch Julius Caesar. Leider sind nur sehr wenige Reste dieses Kalenders erhalten, der im Tempelbezirk am Lac d´Antré (größtes Fragment, entdeckt 1807; heute verschollen) oder im nahen Heiligtum Pont des Arches stand (acht sehr kleine Fragmente, entdeckt 1965 bei Ausgrabungen von Lucien Lerat im Flüsschen Héria). Die kleinen Fragmente gestatten keine Analyse der mathematischen Struktur dieses Kalenders. Das größere Fragment von 1807 lässt sich aber der entsprechenden Stelle des Coligny-Kalenders zuordnen.

Die Bronzetafel von Coligny ist in 16 Spalten und vier Zeilen gegliedert (Abb. 1). Die insgesamt 4 x 16 = 64 Unterabschnitte enthalten 62 Monate eines Lunisolarkalenders mit einem Basiszyklus von fünf Jahren. Er zählt die Zeit in synodischen Monaten und besteht aus fünf Mondjahren mit jeweils zwölf Monaten und zwei Schaltmonaten. Die Schaltmonate nehmen auf der Tafel den doppelten Raum der gewöhnlichen Monate ein, so dass die insgesamt 64 Unterabschnitte vollständig ausgefüllt sind. Die Schaltmonate (in Abb. 1 als Int 1 und Int 2 bezeichnet) befinden sich am Anfang und in der Mitte des Fünfjahreszyklus, also vor dem Jahr eins und in der Mitte des Jahres drei. Ihre jeweils 30 Tage sind nach den 30 Monaten benannt, die ihnen nachfolgen.

Int 1 30	3 30	7 29	11 30	3 30	7 29	11 30	3 30	Int 2 30	9 EQU 30	1 30	5 30	9 EQU ?	1 30	5 30	9 EQU 30
	4 29	8 30	12 29	4 29	8 30	12 29	4 29		10 29	2 29	6 30	10 29	2 29	6 30	10 29
1 30	5 30	9 EQU 30	1 30	5 30	9 EQU ?	1 30	5 30	7 29	11 30	3 30	7 29	11 30	3 30	7 29	11 30
2 29	6 30	10 29	2 29	6 30	10 29	2 29	6 30	8 30	12 29	4 29	8 30	12 29	4 29	8 30	12 29

Abb. 1: Struktur der Kalendertafel von Coligny als Rechteck mit 4 x 16 = 64 Untereinheiten, wobei die normalen Monate (von 1 bis 12 durchnummeriert) jeweils eine Untereinheit (ein Kästchen) beanspruchen, die beiden Schaltmonate Int 1 und Int 2 (in Gelb gezeichnet) aber jeweils zwei. Die 30 Tage der Schaltmonate sind nach den vorangegangenen 30 Monaten benannt. Die Sequenz der 30 Monate zwischen zwei Schaltungen kann als „Monat aus Monaten" aufgefasst werden.

In diesem Aufsatz, der die Zahlenstruktur des Kalendersystems behandelt, wird auf die vielen interessanten aber auch die komplexen Einzelheiten, die die zahlreichen Notationen der Kalendertafel bergen, ebenso wenig wie auf die sprachlichen Elemente wie die Monatsnamen eingegangen. Dazu sei auf die Forschungsliteratur verwiesen (z. B. de Ricci 1898 & 1926, Thurneysen 1899, Mac Neill 1928, Lainé-Kerjean 1943, Duval & Pinault 1986, Olmsted 1992 & 2001).

Die Monate haben entweder 29 oder 30 Tage (von der Ausnahme der Länge des Monats Equos zunächst abgesehen). Jeder Monat ist in zwei fünfzehntägige Hälften geteilt, die durch das Wort ATENOUX getrennt sind. In den 29-tägigen hohlen Monaten fehlt natürlich der 15. Tag der zweiten Monatshälfte. An dessen Stelle befindet sich die Bezeichnung DIVERTOMU, was als Abkürzung für „ein verlorener Tag an der Stelle des Dreißigsten" (Olmsted 1992) gedeutet werden kann. Offensichtlich war die generelle Strukturierung der Monate in zwei fünfzehntägige Abschnitte wichtig und deshalb die Bezeichnung des fehlen-

voller Monat (30 Tage)				hohler Monat (29 Tage)		
I	MD		Woche 1	I	D	
II	MD			II	D	
III	MD			III	D	
IIII	MD			IIII	D	
V	D	AMB		V	D	AMB
VI	MD		Woche 2	VI	D	
VII	MD			VII	D	
VIII	MD			VIII	D	
VIIII	MD			VIIII	D	
X	MD			X	D	
XI	D	AMB	Woche 3	XI	D	AMB
XII	MD			XII	D	
XIII	MD			XIII	D	
XIIII	MD			XIIII	D	
XV	MD			XV	D	
ATENOUX				ATENOUX		
I	MD		Woche 4	I	D	
II	MD			II	D	
III	D	AMB		III	D	AMB
IIII	MD			IIII	D	
V	D	AMB		V	D	AMB
VI	MD		Woche 5	VI	D	
VII	D	AMB		VII	D	AMB
VIII	MD			VIII	D	
VIIII	D	AMB		VIIII	D	AMB
X	MD			X	D	
XI	D	AMB	Woche 6	XI	D	AMB
XII	MD			XII	D	
XIII	D	AMB		XIII	D	AMB
XIIII	MD			XIIII	D	
XV	D	AMB		DIVERTOMU		

Abb. 2: Strukturierung der vollen Monate (30 Tage) und hohlen Monate (29 Tage + DIVERTOMU) in 6 Wochen zu je fünf Tagen und zwei Monatshälften. D, MD und AMB sind in allen Monaten wiederkehrende Notationen mit den wahrscheinlichen Bedeutungen „Tag", „günstiger Tag" und „ungünstiger Tag". Volle Monate werden als „günstige", hohle Monate als „ungünstige Monate" gelistet.

den 15. Tags der zweiten Monatshälfte in den hohlen Monaten. Der Monat lässt sich in sechs Fünf-Tageswochen unterteilen (Abb. 2). Bereits auf dieser untersten Ebene der keltischen Zeitrechnung taucht das Zahlenpaar 5 und 6 auf, welches auf verschiedenen Hierarchieebenen immer wieder die Strukturierung der Zeit in Untereinheiten bestimmt.

Obwohl die Kalendertafel nur zu rund 45 Prozent erhalten ist, kann man wegen der fünfmaligen Wiederkehr der Monate im Fünfjahreszyklus die Struktur des Kalenders fast vollständig rekonstruieren. Begründete Zweifel bleiben nur an der Länge des neunten Monats Equos. Equos ist als hohler Monat gelistet, enthält aber in den Jahren eins, drei und fünf jeweils 30 Tage. Wahrscheinlich besitzt er in den Jahren zwei und vier weniger als 30 Tage. Mit dieser Ungewissheit bleibt dem Interpreten der unvollständigen Coligny-Tafel zunächst eine gewisse Wahlfreiheit in der tagesgenauen Zykluslänge, die zu ganz unterschiedlichen Lösungen für den Großzyklus des Zeitrechnungssystems führt. Hierbei kommt es tatsächlich auf jeden einzelnen Tag an! Schon dieses Beispiel eines recht gut erhaltenen und dokumentierten Kalenders lehrt, dass bei nicht absolut vollständiger Kenntnis des Aufbaus aller Monate eine Unsicherheit verbleibt und sich verschiedene Deutungen anbieten. Um wie viel unsicherer ist da erst die Rekonstruktion eines prähistorischen Kalenders, über dessen interne Struktur man sehr wenig bis gar nichts weiß!

Für Equos werden Monatslängen von 28, 29 und 30 Tagen diskutiert, und folglich kann die Zykluslänge zwischen 1831 und 1835 Tagen liegen. Abbildung 3 zeigt die Anordnung der 62 Monate zum Fünfjahreszyklus und schlüsselt diese Variationsmöglichkeiten in der Zykluslänge auf.

Int 1 30	3 30	7 29	11 30	3 30	7 29	11 30	3 30	Int 2 30	9 EQU 30	1 30	5 30	9 EQU ?	1 30	5 30	9 EQU 30
	4 29	8 30	12 29	4 29	8 30	12 29	4 29		10 29	2 29	6 30	10 29	2 29	6 30	10 29
1 30	5 30	9 EQU 30	1 30	5 30	9 EQU ?	1 30	5 30	7 29	11 30	3 30	7 29	11 30	3 30	7 29	11 30
2 29	6 30	10 29	2 29	6 30	10 29	2 29	6 30	8 30	12 29	4 29	8 30	12 29	4 29	8 30	12 29

Jahr1:	Jahre 2:	Jahr 3:	Jahr 4:	Jahr 5:
385 Tage	355 Tage (EQU 30 Tage) 354 Tage (EQU 29 Tage) 353 Tage (EQU 28 Tage)	385 Tage	355 Tage (EQU 30 Tage) 354 Tage (EQU 29 Tage) 353 Tage (EQU 28 Tage)	355 Tage

Abb. 3: Grundschema des Kalenders aus fünf Mondjahren mit jeweils zwölf oder 13 Monaten mit der Länge der Monate und der Jahre in Tagen (rote Zahlen), je nach Ansatz für die Länge des Monats Equos (EQU) in den Jahren zwei und vier. Die Jahre eins und drei enthalten die 30-tägigen Schaltmonate (gelb unterlegte Kästchen). Der Fünfjahreszyklus kann in Analogie zur Woche aus fünf Tagen als „Groß-Woche" aus fünf Jahren aufgefasst werden.

Olmsted weist Equos im zweiten Jahr 28 Tage und im vierten Jahr 29 Tage zu, so dass er auf insgesamt 1832 Tage kommt, eine unerlässliche Voraussetzung für seine Rekonstruktion eines 25-jährigen Großzyklus. Die ältere Auffassung von Eoin Mac Neill, der die Deutungsmöglichkeit eines 30-jährigen Großzyklus für die Kalendertafel von Coligny erschloss, geht von jeweils 28 Tagen in Equos in den Jahren zwei und vier aus, und von insgesamt 1831 Tagen im Fünfjahreszyklus (Mac Neill 1926). Wir folgen nun diesem Weg, der wahrscheinlich zur Grundlage der keltischen Zeitrechnung in früherer, schriftloser Zeit führt.

Ein Fünfjahreszyklus von 1831 Tagen ist eine sehr gute Annäherung an 62 synodische Monate mit 1830,90 Tagen (siehe Tabelle 1). Ein solcher Kalender folgt den Mondphasen sehr genau, und es ist naheliegend, dass er auf der Mondzeit aufgebaut ist, indem er die synodischen Monate als Untereinheiten abzählt. Wie aber verhält es sich mit der Genauigkeit des 1831-tägigen Zyklus im Sonnensektor? Fünf Sonnenjahre enthalten 1826,21 Tage. Nimmt man an, der Kalender beginne mit einer Sonnenwende, so tritt die gleiche Sonnenwende (entweder die des Sommers oder Winters) nach Ablauf des fünfjährigen Lunisolarzyklus 1831 - 1826,11 = 4,79 Tage früher ein, also noch vor Ablauf des 62. Monats. Die Sonnenwendtermine wandern in der Folge mehrerer Fünfjahreszyklen auf immer frühere Kalenderdaten in der auf eine Mondzeit basierten Zeitrechnung vor. Nach jedem Fünfjahreszyklus treten die Sonnenwenden fünf Tage früher auf als im vorangegangenen Zyklus. Bezogen auf ein einzelnes Jahr bedeutet dies: Die Sonne benötigt für ihren Jahreskreis 365,2423 - 12 x 29,5306 = 10,88 Tage mehr als der Mond für zwölf Lunationen. Der Mond gewinnt also gegen die Sonne rund elf Tage (er ist schneller als ein Zwölftel der Sonnengeschwindigkeit), bzw. die Sonne verliert gegenüber dem Mondjahr elf Tage.

Nimmt man der Einfachheit halber zunächst an, der Unterschied zwischen Sonnen- und Mondjahr betrage volle zwölf Tage, so wächst der Unterschied in fünf Jahren auf genau 60 Tage an. Dieser Unterschied wird durch das Einfügen von zwei 30-tägigen Schaltmonaten zusätzlich zu den 60 normalen Monaten ausgeglichen. Danach beginnt das folgende Mondjahr wieder synchron mit dem Sonnenjahr.

Die 30-tägigen Schaltmonate holen gewissermaßen den Rückstand auf, den die Sonne im Laufe von fünf Jahren gegen den Mond erleidet. In Olmsteds Analyse und Sprechweise fällt die Sonne jeden Monat einen Tag gegen den Mond zurück, indem sie den üblichen täglichen Fortschritt in einer „Sonnennacht", die einmal monatlich auftritt, wieder rückgängig macht. Ansonsten macht sie täglich den gleichen Fortschritt wie der Mond, d. h. die Mondgeschwindigkeit gleicht einem Zwölftel der Sonnengeschwindigkeit. Nach Ablauf von 30 Monaten werden diese diskreten Rückschritte der 30 zurückliegenden „Sonnennächte" durch das Einfügen eines Schaltmonats, der aus den 30 Tagen, an denen diese Rückschritte erfolgten, gebildet wird. Die Tage mit Sonnennächten sind auf dem Kalender mit „N" markiert, was von Olmsted als noux sonno gelesen wird. Mit Hilfe dieser N-Zählung lassen sich die Sonnendaten (z. B. die Sonnenwendtermine) im Laufe aufeinanderfolgender Fünfjahreszyklen im Kalender verfolgen (die N-Zählung ist tatsächlich komplexer, als es in diesem vereinfachten Ausgangsbeispiel angedeutet ist).

Allerdings beträgt die Zeitdifferenz zwischen Sonnen- und Mondjahr nicht zwölf, sondern nur rund elf Tage. Folglich verliert die Sonne gegen den Mond nach Ablauf von fünf Mondjahren nicht 60 Tage wie im vereinfachten Beispiel zuvor, sondern nur rund 55 Tage. Durch das Einfügen von zwei 30-tägigen Schaltmonaten bringt man Sonne und Mond deshalb nicht vollständig zum Ausgleich, sondern die Sonne ist knapp fünf Tage voraus (die Sonnenwendtermine kommen nach jedem Zyklus fünf Tage früher; genauer: 1831 - 5 x 365,242315 = 4,79 Tage). Diese rund fünf Tage addieren sich nach insgesamt sechs Fünfjahreszyklen zu rund 30 Tagen (genauer: 6 x 4,79 = 28,73 Tagen). Durch das Auslassen eines Schaltmonats - etwa zu Beginn einer Periode aus sechs Fünfjahreszyklen, siehe Abbildung 4 – kommmt man zum 30-jährigen Großzyklus. Der Fehler in Sonnenzeit beträgt dann nur noch 30 - 28,34 = 1,27 Tage. Der 30-Jahreszyklus, der zunächst aus einem Fünfjahreszyklus mit 1801 Tagen (mit nur einem Schaltmonat) besteht, dem fünf Zyklen zu 1831 Tagen folgen (mit jeweils zwei Schaltmonaten) besitzt 1801 + 5 x 1831 = 10956 Tage; 30 Sonnenjahre mit 30 x 365,2423 = 10957,27 Tagen dauern nur 1,27 Tage länger.

Die Struktur der verschiedenen Zählsysteme für die Sonnendaten, die auf der Bronzetafel von Coligny zu finden sind, deutet auf einen 25-jährigen Großzyklus hin (Olmsted 1992). Übereinstimmend markieren diese Zählsysteme eine Verschiebung der Sonnendaten um jeweils sechs Tage nach Ablauf von fünf Jahren, nicht um nur fünf Tage, wie das bei einem 1831-tägigen Basiszyklus der Fall ist. Eine Verschiebung von sechs Tagen kommt dagegen in einem 1832-tägigen Basiszyklus zustande. Olmsted erhält durch die geeignete Wahl der Monatslängen von Equos (28 Tage in Jahr zwei und 29 Tage in Jahr vier) einen solchen Zyklus, den er durch eine Verfünffachung zum 25-jährigen Großzyklus erweitert. Um den Preis der Verschiebung der Mondphasen zu den Kalenderdaten der Mondmonate erzielt man nach fünf 1832-tägigen Zyklen eine fantastische Genauigkeit sowohl im Sonnen- als auch im Mondsektor mit nur einem Fehler von einem Tag in rund 500 Jahren.

Eines dieser Zählsysteme für Sonnendaten im Kalender ist die erwähnte N-Zählung. Olmsted sieht in ihr die Weiterentwicklung einer entsprechenden Zählung in einem 30-jährigen Zyklus. Dort macht die N-Zählung aufgrund gewisser Strukturüberlegungen mehr Sinn als in einem 25-jährigen Zyklus. Auf dem Coligny-Kalender hat diese ältere Zählung in modifizierter Form zwar noch überlebt, sei schließlich aber durch eine verfeinerte Zählung in Gestalt der so genannten Trigramme ersetzt worden (ohne nähere Erläuterung). Die Trigramme stellen das höchst entwickelte und letzte Zählsystem der keltischen Zeitrechnung dar. Olmsted argumentiert nachvollziehbar, dass sich das komplizierte System des 25-jährigen Großzyklus aus dem einfacheren 30-jährigen System entwickelt hat und die einfachere N-Zählung für die Sonnendaten bereits in dieser früheren Epoche der keltischen Zeitrechnung bestand.

Die Verwendung eines 30-Jahreszyklus bei den Kelten

Nach Plinius weist der Zyklus eine Dauer von dreißig Jahren auf, er besteht demnach aus zwölfmal zweieinhalb Jahren. Die Gallier hatten einen kleinen Zyklus von zweieinhalb Jahren und einen großen Zyklus von dreißig Jahren, ..., der erste kann verstanden werden als ein Groß-Monat aus dreißig und einer Lunation, der zweite als ein Groß-Jahr aus zwölf Groß-Monaten. Gleicherweise wie der gewöhnliche Monat ein Monat aus Tagen ist, ist der kleine Zyklus ein Monat aus Lunationen und schließlich der Großzyklus ein Monat aus Jahren...

(Seymour de Ricci 1898)

Schon kurz nach der Entdeckung der Fragmente in Coligny stellte Seymour de Ricci mit bemerkenswerter Klarsicht und – die Erkenntnisse aus späteren Zeiten vorausahnend – die besondere Eleganz des keltischen Zeitrechnungssystems fest. Grundlage dieser frühen Einsicht, die im obigen Zitat zum Ausdruck kommt, ist eine Erwähnung bei Plinius dem Älteren im 16. Buch seiner Naturgeschichte: „... am sechsten Tage nach Neumond, zu einem Zeitpunkt, an dem bei ihnen [den Kelten] die Monate und Jahre beginnen, sowie nach Ablauf von dreißig Jahren eine Generation." Das berühmte Zitat ist ein bemerkenswertes schriftliches Zeugnis für die Verwendung einer 30-jährigen Großperiode in einem lunaren Zeitrechnungssystem. Gleichzeitig ist auch von den an eine bestimmte Mondphase (dem sechsten Tag nach Neumond) geknüpften Monats- und Jahresanfängen die Rede, ein untrüglicher Hinweis auf die Verwendung der Mondzeit in Gestalt des synodischen Monats als Basiseinheit.

Seymour de Riccis Idee der Verknüpfung des Fünfjahreszyklus von Coligny mit dem 30-Jahreszyklus aus dem Plinius-Bericht wurde von Eoin Mac Neill 1926 auf eine sichere Grundlage gestellt. Durch die Diskussion einer variablen Länge des Monats Equos und der Verträglichkeit dieser Annahme mit den verschiedenen Notationen auf der Tafel, erschloss er die Deutungsmöglichkeit, der Coligny-Kalender beinhalte genau 1831 Tage und sei Basiselement eines 30-Jahreszyklus aus 6 x 1831 - 30 = 10956 Tagen.

Unterstellt man die Richtigkeit dieser Überlegung für die Frühform des keltischen Kalenders als auch die der weiteren Annahme, der keltische Kalendermonat habe einst mit Neulicht begonnen (üblicherweise erster Tag des synodischen Monats in Mondkalendern) und der Monatsbeginn sei durch den Fehler des 30-Jahreszyklus im Mondsektor von einem Tag in rund 200 Jahren erst mit der Zeit auf den sechsten Tag des Monats gewandert, wie Plinius berichtet, so kommt man auf eine Entstehungszeit dieses Systems, die etwa ein Jahrtausend vor der Beobachtung liegt, von der Plinius berichtet, also noch in der Bronzezeit (Olmsted 1992).

Weitere schriftliche Belege, die einen 30-Jahreszyklus und einen Fünfjahreszyklus im Zusammenhang mit Gebräuchen und religiösen Praktiken im keltischen Kulturkreis erwähnen, befinden sich bei Plutarch („Alle dreißig Jahre, wenn der Stern des Chronos [Saturn] ... in das Sternbild Stier eintritt, halten sie [die Leute von Britannien] ein merkwürdiges Ritual ab...“; Moralia 26, 941) und bei Diodorus Siculus („Die Verbrecher halten sie [die Gallier] fünf Jahre lang gefangen, weihen sie, an Pfählen gespießt, den Göttern und verbrennen sie mit vielen anderen Opfergaben auf sehr hohen Scheiterhaufen, die sie zu diesem Zweck errichten.“, Fünftes Buch der Universalgeschichte). Gestützt auf diese verschiedenen Belege, wird nun der 30-Jahreszyklus als wahrscheinliche Grundlage der frühen keltischen Zeitrechnung hinsichtlich dessen Zahlenstruktur dargestellt.

Hierarchische Gliederung und mathematische Eleganz des 30-Jahreszyklus

Die mündliche Verwendung und Überlieferung eines Kalendersystems wird durch eine hierarchische Gliederung der verschiedenen Zeiteinheiten „Tag“, „Woche“, „Halbmonat“, „Monat“, „Halbjahr“, „Schaltperiode“ (halber Schaltzyklus), „Schaltzyklus“ und „Großzyklus“ begünstigt. Das keltische System erfüllt diese Anforderung in herausragender Weise.

Auf der untersten Hierarchieebene steht die Woche aus fünf Tagen. Drei dieser Wochen bilden einen Halbmonat; durch die Verdoppelung erhält man schließlich einen vollen Monat aus sechs Wochen (Abb. 2). In gleicher Weise lässt sich nun auf der obersten Hierarchieebene die Struktur des 30-Jahreszyklus darstellen (Abb. 4). Er besteht aus sechs Fünfjahreszyklen, die mithin als „Groß-Groß-Wochen“ bezeichnet werden können und einen 30-jährigen „Groß-Groß-Monat“ bilden. Die zweimalige Verwendung des Vorsatzes „Groß“ wird verständlich, wenn gleich noch die mittlere Strukturebene betrachtet wird.

Jede der fünf „Groß-Groß-Wochen“ besteht ihrerseits aus fünf Jahren (Abb. 3), die auf dieser obersten Hierarchieebene nun als „Groß-Groß-Tage“ angesprochen werden können. Mithin lässt sich der 30-jährige „Groß-Groß-Monat“ mit seinen 30 „Groß-Groß-Tagen“ auch als ein „Monat aus Jahren“ bezeichnen (Abb. 5).

Die unterste Hierachieebene (ein Monat aus sechs Wochen bzw. 30 Tagen) findet demnach hinsichtlich ihrer Zahlenstruktur eine vollständige Entsprechung auf der obersten Strukturebene: 30 Jahre (ein „Groß-Groß-Monat“) bestehen aus sechs Fünfjahreszyklen (sechs „Groß-Groß-Wochen“) bzw. 30 „Groß-Groß-Tagen“ (30 Jahren).

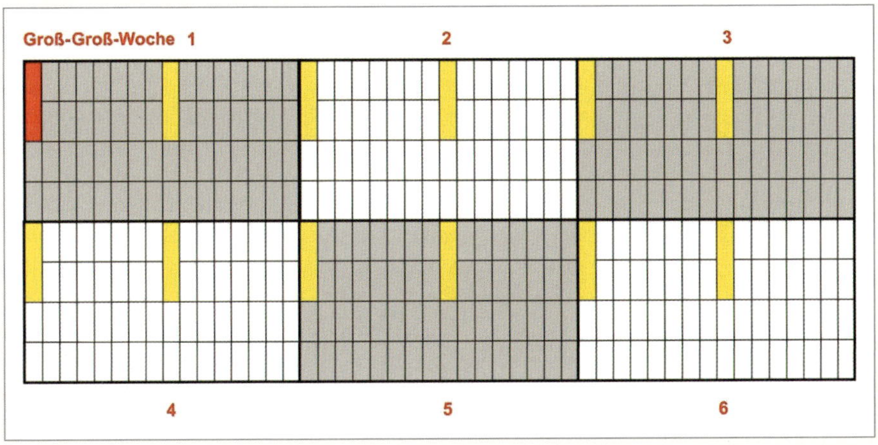

Abb. 4: Der 30-Jahreszyklus als „Groß-Groß-Monat" aus sechs „Groß-Groß-Wochen" (Fünfjahreszyklen). Die gelben Kästchen stellen die Schaltmonate dar; das rote Kästchen symbolisiert den ausgelassenen Schaltmonat zu Beginn des Großzyklus. Dargestellt sind die insgesamt 6 x 62 - 1 = 371 Monate in 30 Jahren.

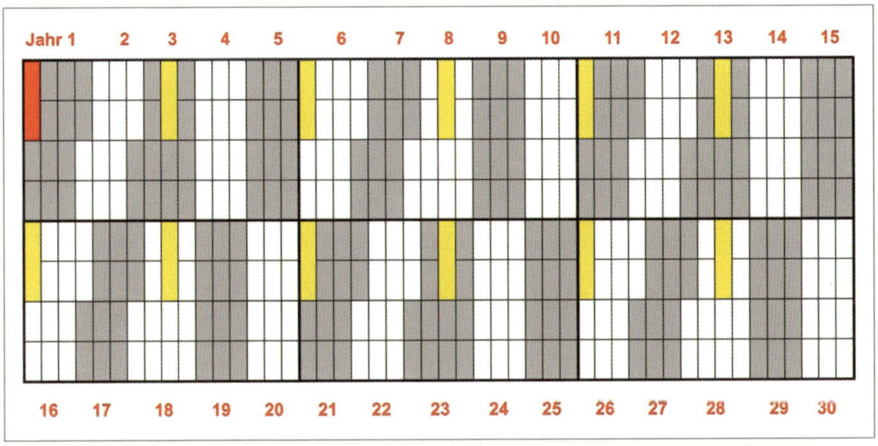

Abb. 5: Der 30-Jahreszyklus als „Groß-Groß-Monat" aus 30 „Groß-Groß-Tagen", bzw. als „Monat aus Jahren".

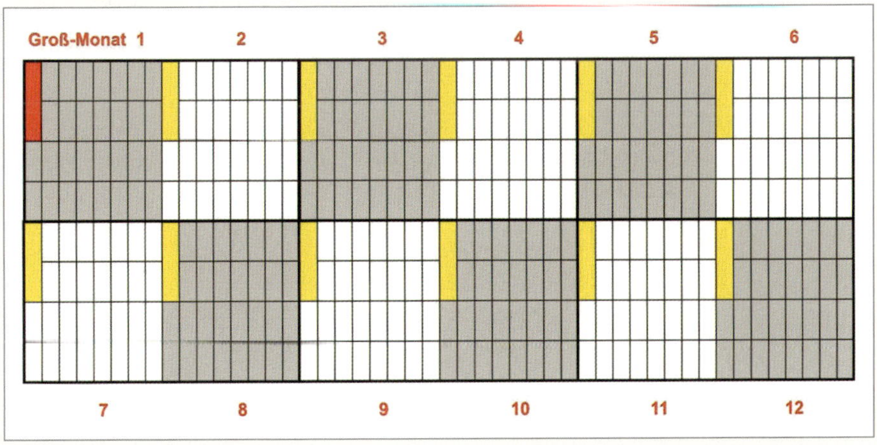

Abb. 6: Die 30-monatige Schaltperiode als „Monat aus Monaten" interpretiert, führt zu einem 30-jährigen „Groß-Jahr" aus zwölf dieser Untereinheiten.

Schließlich ist diese Strukturierung auf der Basis der Zahlen fünf und sechs auch noch auf einer mittleren Hierarchieebene zu finden. Fasst man die 30 Monate, die zwischen zwei Schaltmonaten vergehen, als „Groß-Monat“ bzw. als „Monat aus Monaten“ auf (Abb. 1), der sich außerdem noch in sechs „Groß-Wochen“ bzw. „Wochen zu je fünf Monaten“ unterteilen lässt, so stellt sich der 30-Jahreszyklus als ein „Groß-Jahr“ aus zwölf „Groß-Monaten“ dar (Abb. 6).

Die folgende Zusammenstellung listet für die verschiedenen Hierarchieebenen die wiederkehrenden Zeiteinheiten „Tag“, „Woche“, „Monat“ und „Jahr“ auf, schlüsselt die Verwendung der Begriffe wie „Groß-Monat“ etc. auf und ermöglicht direkte Vergleiche der drei Hierarchieebenen.

Untere Hierarchieebene	
1 Tag	= 1 Tag
1 Woche	= 5 Tage
1 Monat	= 30 Tage = 6 Wochen
1 Jahr	= 12 Monate = 12 x 30 Tage
Mittlere Hierarchieebene	
1 Groß-Tag	= 1 Monat
1 Groß-Woche	= 5 Monate
1 Groß-Monat	= 30 Monate = 6 Groß-Wochen (2,5-jährige Schaltperiode)
1 Groß-Jahr	= 12 Groß-Monate = 30 Jahre = 12 x 30 Monate (30-Jahreszyklus)
Obere Hierarchieebene	
1 Groß-Groß-Tag	= 1 Jahr
1 Groß-Groß-Woche	= 5 Jahre (Fünfjahreszyklus)
1 Groß-Groß-Monat	= 30 Jahre = 6 Groß-Groß-Wochen (30-Jahreszyklus)
(1 Groß-Groß-Jahr	= 12 Groß-Groß-Monate = 12 x 30 Jahre)

Die zyklische Struktur des Systems ist im Großen wie im Kleinen praktisch identisch. Allein auf der mittleren Hierarchieebene gibt es einen kleinen Bruch, da eine „Groß-Woche“ aus fünf Monaten sich im System als unauffällig erweist und stattdessen eine Strukturierung des „Groß-Monats“ in fünf Unterabschnitte zu jeweils sechs Monaten (Halbjahr) sinnvoller erschiene.

Schlussüberlegungen und Ausblick

Ziel der Betrachtung war die Darstellung der Konstruktionsprinzipien und Zahlenstruktur eines tatsächlich verwendeten und schriftlich überlieferten Lunisolarkalenders der Vergangenheit. Man kann sein Zeitrechnungssystem als Kandidaten für einen Vorläufer-Kalender ansehen, der möglicherweise schon aus der Bronzezeit stammt. Mindestens aber ist der Kalender von Coligny ein Lehrbeispiel für die Analyse und (Re)-Konstruktion eines praxistauglichen prähistorischen Lunisolarkalenders.

Die Wahl eines bestimmten Lunisolarzyklus als Grundlage für ein Kalendersystem erfolgt natürlich einerseits nach Genauigkeitsansprüchen, die den jeweiligen Stand der Beobachtungstechnik und die vorhandenen astronomischen Kenntnisse einer Gesellschaft widerspiegeln, andererseits aber auch nach den formalen Prinzipien der inneren Strukturierung und der mathematischen Eleganz – Aspekte, die eine mündliche Überlieferung und praktische Verwendung des Kalenders im Alltagsleben begünstigen.

Die Strategie, den Spuren in die fernere Vergangenheit zu folgen, die uns mit dem Kalender von Coligny gelegt sind, indem auch in früherer Zeit nach Hinweisen z. B. auf die Verwendung der Zahlen fünf und sechs gesucht wird, könnte einen gangbaren Weg aufzeigen von der Zeitrechnung der Spätzeit der keltischen Kultur zurück zur Zeitrechnung in der Epoche der Himmelsscheibe und der Goldhüte.

Ein wertvoller Hinweis in diese Richtung ist das Zeichensystem der Gussmarken auf den Bronzesicheln vom Typus Frankleben. Christoph Sommerfeld entdeckte, dass sie ein Zählwerk auf der Basis der Zahl fünf darstellen (Sommerfeld 1994). Durch statistische Analyse wies Wolfhard Schlosser die signifikante Häufung von Sicheln mit Zahlzeichen nach, die Vielfache der Zahlen fünf und sechs sind. Schlosser deutete erstmalig auch auf eine mögliche Verbindung dieses Zählsystems zum Kalender von Coligny hin. Denkbar ist ebenfalls, dass die Lausitzer Bronzewägelchen, die zumeist mit fünf oder sechs Vogelsymbolen verziert sind (Hänsel 2008), in diesem Zusammenhang genannt und gedeutet werden können. Das aber ist eine Spekulation, die erst an Gewicht gewinnen könnte, wenn der Kontext der Verwendung der Wägelchen geklärt wäre.

Literatur

Chapront-Touzé, M. & Chapront, J. (1991): Lunar tables and programs from 4000 B. C. to A. D. 8000, Willmann-Bell, Richmond

de Ricci, S. (1898): Le calendrier gaulois de Coligny; Revue Celtique XIX, 213-223

de Ricci, S. (1926): Le calendrier de Coligny; Journal des savants; Dez 1926, 448-449

Duval, P.-M. & Pinault, G. (1986): Recueil des inscriptions Gauloises; Vol. III: Les calendriers, Paris

Hänsel, A. (2008): Den Göttern zu Ehren - die bronzezeitlichen Kultwagen von Burg; erschienen in „Den Göttern zu Ehren", Heft 1 der Schriftenreihe der Spreewälder Kulturstiftung Burg-Müschen

Lainé-Kerjean, C. (1943): Le calendrier celtique; Zeitschrift für Celtische Philologie, 23, 249 - 284

Mac Neill, E. (1928): On the Notation and Chronography of the Calender of Coligny; Eriu X, 1-67

Newcomb, S. (1898): Tables of the motion of the earth on its axis and around the sun, Bureau of Navigation, Washington D.C.

Olmsted, G. (1992): The Gaulish Calendar, Dr. Rudolf Habelt GmbH, Bonn

Olmsted, G. (2001): A Definitive Reconstructed Text of the Coligny Calendar; Journal of Indo-European Studies Monograph N. 39

Schlosser, W.: Die Gußmarken auf den Bronzesicheln; unveröffentlichtes Manuskript

Sommerfeld, Ch. (1994): Gerätegeld Sichel: Studien zur monetären Struktur bronzezeitlicher Horte im nördlichen Mitteleuropa; Vorgeschichtliche Forschungen Bd. 19, Walter de Gruyter Verlag, Berlin New York

Thurneysen, R. (1899): Der Kalender von Coligny; Zeitschrift für Celtische Philologie 2, 523 - 544

$$\frac{\text{Sterne x Sterne}}{\text{Sonne}} = \text{Mond}$$

Dr. Christoph Sommerfeld

Neue Erkenntnisse über die ‚Rechenkunst in der Bronzezeit' erlauben überraschende Einblicke in die Geschichte von Astronomie und Mathematik. Der hier vorgelegte Abriss fasst mehrere Artikel des Verfassers knapp zusammen.

Die Grundlagen

Stellen Sie sich eine klare, milde Sommernacht vor. Durch einen Kurzschluss im örtlichen Umspannwerk ist es Ihnen vergönnt, den nächtlichen Sternenhimmel einmal ohne Straßenbeleuchtung und ohne blinkende Lichtergirlanden mit Bewegungsmeldern wahrzunehmen. Sie sehen den vollen Mond exakt über dem Schornstein des Nachbarhauses – in der Unendlichkeit funkeln die Sterne. Abgesehen vom Schornstein, ein prachtvoller Anblick! Sie fragen sich: Wann wird der Vollmond wieder an derselben Stelle stehen, wann wird sich dieses Schauspiel wiederholen? Die Frage lässt sich präzise beantworten: auf die Stunde genau in 19 Jahren.

Nach genau 19 Sonnenjahren erneuert sich der Himmel. Der Vollmond steht wieder an derselben Stelle am Himmel, die Sterne haben ihren Kreislauf vollendet und sind in ihre Ausgangsstellung zurückgekehrt. So nehmen wir Menschen das Himmelsgeschehen von der Erde aus wahr. Wohl sehen wir in der Zwischenzeit den Mond hin und wieder (genau 254 Mal) exakt über dem Schornstein des Nachbarhauses, aber nie als Vollmond, immer hat er eine andere Gestalt. Auch erscheint es uns, als wanderten die Sterne zwischenzeitlich unentwegt am Nachthimmel. Nach exakt 19 Jahren aber sind Sonne, Mond und Sterne wieder in ihre Ausgangspositionen zurückgekehrt. Der Himmel hat sich erneuert. Der Zyklus beginnt von neuem.

Diesen Kreislauf kennen wir als ‚Meton-Zyklus' (M), benannt nach dem griechischen Astronomen Meton, der im fünften vorchristlichen Jahrhundert in Athen gelebt hat und dem die früheste schriftliche Erwähnung des Zyklus' zugesprochen wird. Er hat erkannt, dass die wechselnde Lichtgestalt des Mondes durch die Sonne bewirkt wird und konnte so 19 Sonnenjahre mit 235 Mondumläufen (Gestaltwechseln) gleichsetzen.

Wir fassen diese Synchronisation von Sonne und Mond in Zahlen:
19 (vollendete) Sonnenjahre entsprechen 235 (vollendeten) Lunationen; die Differenz beträgt lediglich knapp zwei Stunden.

Der Meton-Zyklus, ausgedrückt in mathematischen Termen (mit den uns heute bekannten Werten) lautet also:

Sonnenjahr (SJ)	= 365,242	Tage	19 x 365,242 = 6939,598	Tage
Mondumlauf [Lunation (Lu)]	= 29,53059	Tage	235 x 29,530 = 6939,55	Tage

Fasst man beide Periodizitäten zusammen, ergibt sich folgender Term:
(Im Folgenden behalten wir die Rundung auf zwei Nachkommastellen bei.)

$$19 \times 365{,}24 \times 235 \times 29{,}53 = \text{Meton-Zyklus}^2 \text{ (zum Quadrat)}$$

Ersetzen wir in diesem Term die Dezimalzahlen für den Sonnen- bzw. Mondumlauf mit einem zeichensprachlichen Symbol, erhalten wir folgenden Ausdruck:

$$19 \times \bullet \times 235 \times ☽ = M \times M$$

Das sind die Zahlen und Sinnzeichen, mit denen wir arbeiten und mit denen die Menschen bereits in der Bronzezeit gearbeitet haben. Unglaublich - werden Sie sagen – der Bronzezeitler kannte Dezimalbrüche? Nein, kannte er nicht, aber es gelang ihm, einen Dezimalbruch wie 29,53 – den wir heutigen Anwender sofort verstehen – durch ganze Zahlen (Ganzzahlen; GZ) auszudrücken.

Diese ‚unglaubliche' Leistung und die damit verbundene ‚heilige Mathematik' werden wir im Folgenden kennen lernen. Die Kenntnis des genauen Zyklus' und der virtuose arithmetische Umgang damit offenbaren sich in so gut wie allen kreiszonal verzierten Gegenständen, seien sie aus Gold oder aus Bronze.

Es geht um die ‚Verschlüsselung des Himmels' mittels zonal gegliederter Ornamente – vornehmlich dem Kreiselement – dem Dekorelement der europäischen Bronzezeit schlechthin. Wir können diese mathematische Anwendung nachvollziehen, ausgehend von der frühbronzezeitlichen Nebra-Scheibe bis hin zu den Priesterornaten der Spätbronzezeit, aber gleichfalls an vielen zeitbegleitenden Alltagsgegenständen aus Bronze (Abb. 1). Tatsächlich sind alle diese Preziosen miteinander verwoben durch ein homogenes Gefüge erfassbarer, verständlicher und überaus logischer Regeln – kurz: durch Mathematik. Aber: Es gibt nicht mehrere Mathematiken, es gibt nur eine Mathematik, und schon die Mathematik der Bronzezeit – wir nennen sie hier einmal ‚Trundholm-Mathematik' – entspricht der unserer modernen Arithmetik.

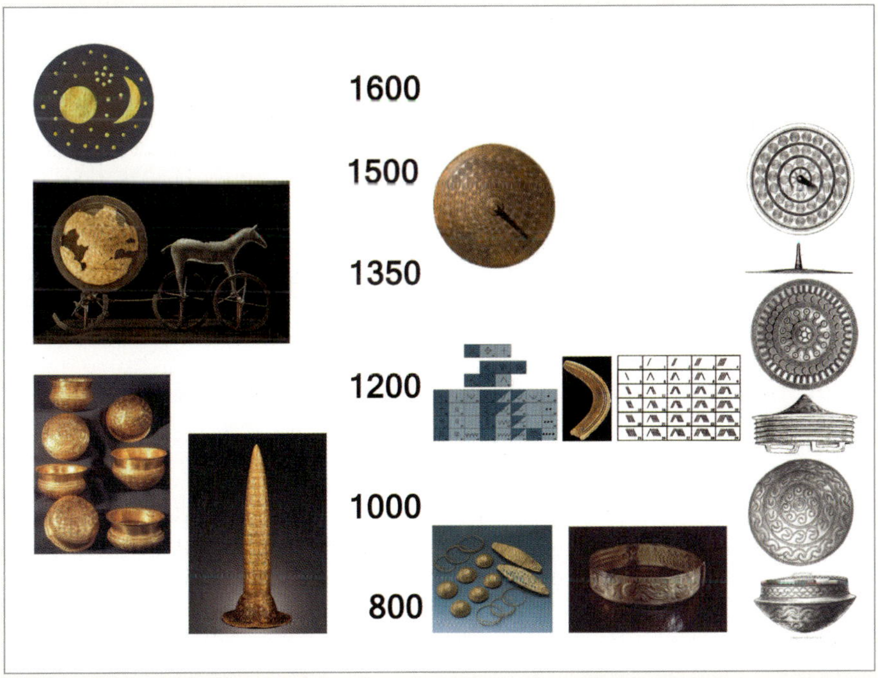

Abb. 1: Alle diese bronzezeitlichen Preziosen verbindet ein gemeinsamer Code. In ihrem Dekor ist der Meton-Zyklus verschlüsselt: Die ewige Wiederkehr des Lichts.

Der mathematische Schlüssel gilt für alle Objekte. Es handelt sich um einen europaweiten Code, mit dem die sehr genaue Kenntnis der Zyklen von Sonne und Mond und deren Synchronisation zum Meton-Zyklus ausgedrückt wird. In der Vorgeschichte haben sich die Menschen nicht allein auf die Beobachtung der Gestirne beschränkt, sondern sie haben es auch verstanden, ihre Beobachtungen zu bündeln und mitzuteilen. Ihre ‚Zeichenschrift' ist universell lesbar. Wir werden sie kennen lernen. Dies alles ist aufregend und neu.

Das Mysterium des Lichts

Etwas Begriffliches vorweg, bevor wir uns überwiegend mit der Mathematik beschäftigen: Die Mathematik, die wir kennen lernen werden, steht im Dienste des Kultes. Sie wird nicht für profane Zwecke angewandt. Obwohl sie Sonnen- und Mondverlauf exakt beschreibt, ist sie nicht für einen profanen Kalender konzipiert – den wir in dieser Zeit vergeblich suchen werden (!).

Abb. 2 zeigt die beiden Seiten des Diskus' von Trundholm, der von einem Pferd gezogen wird. Schon durch das Fluidum ihrer Leuchtkraft unterscheiden sich beide Seiten. Die sattsam bekannte Vorderseite ist mit Gold belegt und stellt die strahlende Sonne dar. Die Rückseite ist in Bronze belassen und schimmerte ursprünglich in der matten Farbe des Mondes. Der Diskus stellt Sonne und Mond dar. Auch die Motive und Zahlenrhythmen

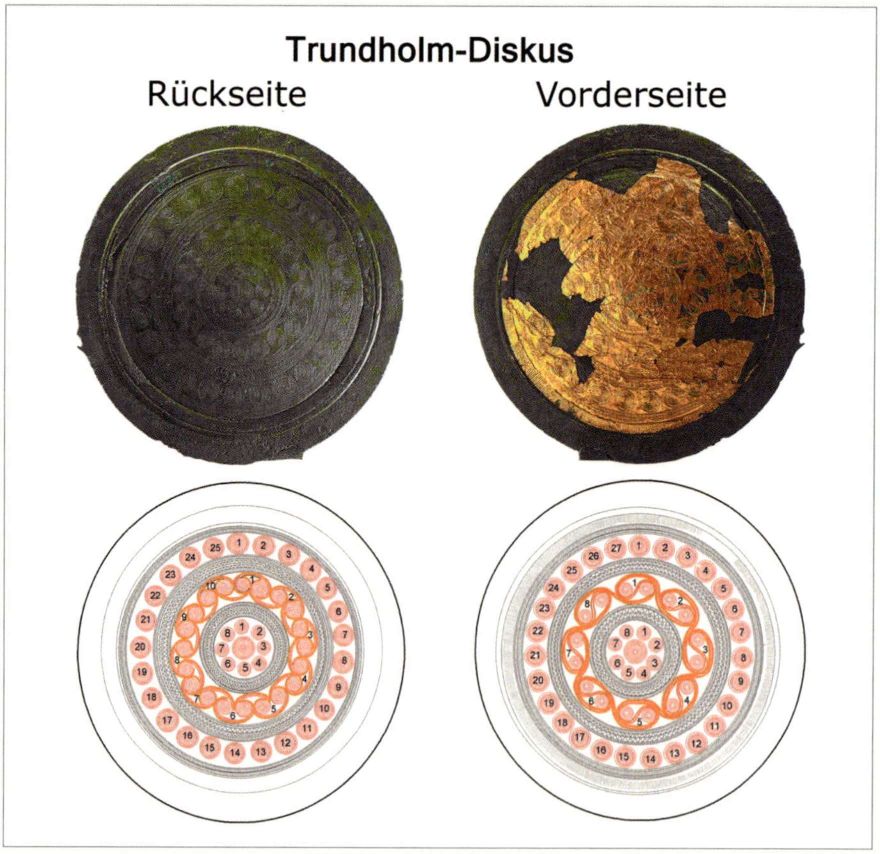

Abb. 2: Der Trundholm-Diskus. In der Glaubenswelt des Bronzezeitlers sind Sonne und Mond ‚eins'.

des filigranen Dekors beider Seiten sind unterschiedlich. Die in Form von Kreisgruppen und Spiralen hinterlassenen Zahlenangaben belegen gleichfalls die genauen Kenntnisse der Zyklen von Sonne und Mond und des Meton-Zyklus' bis auf die dritte Stelle hinter dem Komma. Das Trundholm-Gefährt ist das einzige Objekt, das zwei Scheiben aufweist, deren hinterlegte Zahlenrhythmen wir berechtigterweise miteinander in Beziehung setzen können. Das Kuriose ist, dass sich die Sonnenseite aus Mondzahlen zusammensetzt, und umgekehrt setzt sich die Mondseite aus Sonnenzahlen zusammen. Die Verschmelzung von Sonne und Mond ist also nicht nur figürlich, sondern auch arithmetisch gegeben.

Diese Feststellungen beinhalten eine bedeutende Aussage: Sonne und Mond sind im Gedankenfeld des Bronzezeitlers eins. Stellen sie sich vor: Es gibt die Sonne nicht und auch nicht den Mond (in unseren Köpfen). Wohl sehen wir beide kosmischen Körper am Himmel und nehmen sie in all ihren unterschiedlichen Bahnen und Erscheinungsbildern wahr. Aber sie besitzen für uns keine Eigennamen. Wir nehmen sie wahr als ein Wesen, dessen Rhythmus von Lauf und Gestalt wir ergründen und erkennen.

In dieser ‚Kopfakrobatik' steckt der Schlüssel zum Verständnis des Nordischen Götterglaubens. Sonne und Mond werden als eine Wesenheit empfunden. Wir können diesen Gedanken mathematisch nachvollziehen. Folgerichtig ist die Sonne der ‚tägliche Mond' und der Mond ist die ‚nächtliche Sonne'. Beide sind eins. Die Mathematik der hinterlegten Zeichensprache sagt dies unmissverständlich aus. Das Trundholm-Gespann ist die unübertreffliche Verkörperung dieses Verständnisses.

Dieses im Einzelnen vorzuführen, sprengt den Rahmen dieser knappen Zusammenfassung. Sie können diesen religionsphilosophischen Ansatz und die arithmetische Verschmelzung beider Seiten des Trundholm-Diskus' detailliert nachlesen (Sommerfeld 2010).

Der virtuose Umgang mit Zahlen dient einzig dem Zweck, dem Mysterium des Lichts zu huldigen. Es wird immer die genaue Kenntnis der Zyklen von Sonne und Mond hinterlegt. Mit diesen ‚Angaben' wird variantenreich belegt, dass Gestalt, Lauf und Zyklus der lichtbringenden Himmelskörper sehr genau erfasst waren. Es ist die fortwährende und immer wieder abgewandelte Bekundung des Durchdringens des Mysteriums des Lichtwechsels. Mit der Bekundung: „Ich habe das Dunkel durchschaut" wird es gebannt und überwunden; oder umgekehrt, mit der Bekundung: „Ich habe das Licht durchschaut" wird es verherrlicht und zum Gott erhoben. Da aber das Mysterium des Lichtwechsels durch Sonne und Mond geprägt wird, sind es auch beide Himmelskörper (in einem), die gemeinsam (als einer) verehrt werden.

Es ist die Offenbarung des Göttlichen im Mysterium des Lichts; das Wissen und der unumstößliche Bescheid, dass Sonne, Mond und Sterne – das Licht – sich regelmäßig erneuert, gleichsam zur Ausgangsstellung zurückkehrt. Dies alles beinhaltet das Dogma des Meton-Zyklus'. Zeichen eines kraftvollen und wirksamen Dogmas ist seine Beständigkeit.

Zurück zu den Wurzeln

Wir betrachten zunächst einmal einige Gürtelscheiben aus dem Norden Europas. Wir finden sie im zeitlichen Umfeld des Trundholm-Wagens; gleichwohl sind sie zum Teil einige Jahrhunderte älter als dieser. Wir erkennen unschwer eine kreiszonale Gliederung, ausgehend von dem mitunter erheblich hervortretenden Mitteldorn. Diese Kreiszonen sind in der Regel gefüllt mit einheitlichen Dekor-Elementen. Zumeist handelt es sich um den ‚laufenden Hund', also ein- und auskehrende Spiralen, die miteinander verbunden sind und auf diese Weise eine sich unendlich wiederholende Bahn beschreiben.

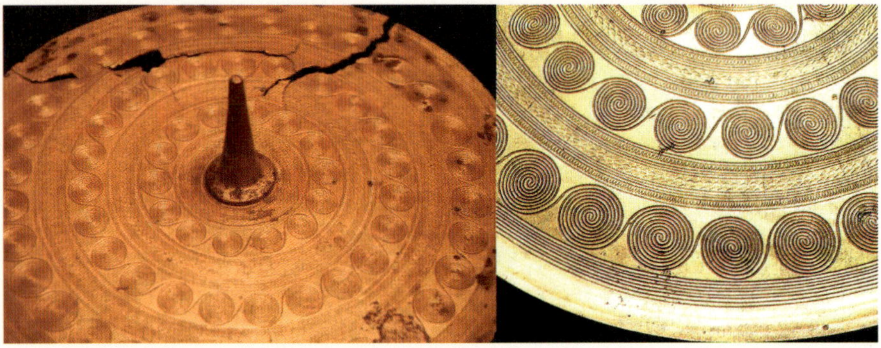

Abb. 3: Die Gürtelscheibe von Vognserup, Holbæk Amt, DK (Per. II, spät).

Abb. 4: Die Gürtelscheibe von Langstrup, Friedriksborg Amt, Dk (Per. II).

Schauen wir uns eine solche Gürtelscheibe im Detail an (Abb. 3 und 4). Zuerst einmal sticht die vollendete Ausführung ins Auge. Die Scheiben sind in ‚verlorener Form' gegossen, d. h., das Dekor wurde ursprünglich in Wachs graviert. Die Kreiszonen sind mit einer filigranen Umrandung akzentuiert. Größe und Abstand der Spiralen passen sich dem jeweiligen Kreiszonenumfang an. Die Scheiben sind durch und durch durchkonstruiert. Dahinter steht ein eindeutiges Konzept.

Ist es Zufall, dass die Spiralen im Licht brillieren wie funkelnde Sterne? Was wir zu tun haben, ist bereits im Titel angedeutet. Wir zählen das Funkeln der einzelnen Kreiszonen und erhalten die Basis unserer Berechnungen. Die Anzahl der Zeichen-Elemente der einzelnen Kreiszonen miteinander malgenommen, ergibt im mathematischen Sinne ein Produkt – im Falle der Gürtelscheibe von Langstrup: 15 x 22 x 26 x 32 = 274560.

Wenn Sie so wollen, haben wir eine vorgegebene Anzahl von Sternen miteinander multipliziert: Sterne mal Sterne mal Sterne mal Sterne. Das Sternenprodukt setzen wir mit Tagen gleich und unterstellen damit, dass auf der betreffenden Scheibe eine konkrete Anzahl von Tagen dargestellt wird. Im mathematischen Sinne unterstellen wir also Unärkodierung, d. h.: Jedes Zeichen steht für eine Menge, und jedes Zeichen stellt dieselbe Menge dar.

Zur Bildsprache der ‚Zählzeichen'

Die Wendespirale ist das Bildzeichen für den veränderlichen zu- und abnehmenden Mond; der in sich gestaffelte Kreis ist das Bildzeichen für die formkonstante Sonne. Die Wendespiralen sind meist miteinander verbunden und bilden eine unendliche Bahn, in der sich Ein- und Auskehr unaufhörlich wiederholen (s. Abb. 3 u. 4). Das Sonnensymbol wird meist von einem Schlingband begleitet. Es verkörpert deren gleichmäßige, stete Bahn im Tages- und Jahresverlauf. Beide Seiten der Trundholm-Scheibe figurieren in ihren mittleren Zonen diesen Ansatz in vollendeter Form (Sommerfeld 2010, Abb. 7 u. 8.) Denkt man sich beispielsweise auf der Trundholm-Mondseite (Abb. 2) in der mittleren Zone die Wendespiralen fort, erhalten wir durch die verbleibenden Bügel eine Kontur, die ein Fries aus wechselseitigen ‚Pilz-Symbolen' bildet. Diese Kontur symbolisiert die wechselhafte aber dennoch als stetig erkannte Bahn des Mondes. Ebensolche Pilzsymbole – auch als Fries – finden wir zuhauf auf spät-bronzezeitlichen Hängebecken und vielen anderen Trägern ikonographischer Inhalte (vgl. Kaul 1998, 188 ff.). Wir sehen, dass die Symbole, mit denen Gestalt und Bahn von Sonne und Mond dargestellt werden, bildsprachlich verständig, fast gegenständlich umgesetzt werden. Die Zählzeichen – Basis unserer Unärkodierung – sind ‚dinglich', mehr noch: wesenhaft.

Aber liegt im astronomisch-mathematischen Kontext tatsächlich Unärkodierung vor? Wir fragen: Enthalten die Tagesprodukte vielleicht Teile einer Periodizität, die sich aus der Himmelsmechanik von Sonne und Mond ergeben? Wir prüfen dieses einmal ganz unbekümmert und dividieren ein Tagesprodukt durch die uns heute bekannten Dezimalwerte der Zyklen von Sonne und Mond (s. oben).

Mond mal Mond und Sonne mal Sonne

Abb. 5: Die Gürtelscheibe von Skåne (Schonen), S, (Per. II).

Die Gürtelscheibe von Skåne weist vier Ringzonen auf. Die äußeren drei Ringzonen sind mit miteinander verbundenen Wendespiralen (‚laufende Hunde') gefüllt. Die Anzahl der Spiralen der einzelnen Zonen beträgt von innen nach außen: 8, 15 und 21. Die zentrale Zone um den kräftigen Mitteldorn zeigt ein 9-zackiges Sternenmuster. Multipliziert man die ‚Zählzeichen' aller vier Zonen miteinander, erhält man das Produkt: 9 x 8 x 15 x 21 = 22680.

22680/29,53 = 768. Das ‚Tagesprodukt' von Skåne beinhaltet also 768 Lunationen, das sind genau 64 Mondjahre (8 x 8 MJ).

Dass die genaue Länge eines Mondumlaufes (beispielsweise von Vollmond zu Vollmond) bekannt war, dürfen wir voraussetzen, aber dass eine Lunation in Dezimalzahlen ausgedrückt wurde, erscheint doch sehr dubios. Der Bronzezeitler kannte Dezimalbrüche? Diese erste Beobachtung veranlasst uns, die Arithmetik im Dekor von Skåne noch einmal näher zu untersuchen.

Das Tagesprodukt von Skåne enthält zunächst nahezu 768 ganze Lunationen (768,0325). Wir stellen uns jetzt die Frage, wie viele weitere Lunationen im Wert 768 enthalten sind. Daher teilen wir 768 erneut durch 29,53 und erhalten fast genau 26 (26,00745). Dieses Ergebnis überrascht. Wir machen uns klar, was wir eigentlich getan haben: Das Tagesprodukt zweimal durch 29,53 zu teilen – wir erinnern uns an den Mathematikunterricht zu Quartanerzeiten – bedeutet, durch 29,53 zum Quadrat zu teilen oder $29{,}53^2$. Jetzt liegt es nahe, den Wert von $29{,}53^2$ zu ermitteln. Er ergibt sich zu 872,0209. Der ganzzahlige Anteil 872 ist damit eine gute Annäherung an $29{,}53^2$.

Mit anderen Worten: das Tagesprodukt von Skåne 22680 wurde durch eine Ganzzahl geteilt; der Dezimalbruch 29,53 wurde in eine Ganzzahl verwandelt. Das müssen wir auch verlangen, weil das Tagesprodukt ein Produkt ganzer Zahlen ist. Damit ist das Tagesprodukt $22680 \approx 26 \times 872$ (22672).

Der lunare Faktor 29,53 (Mondzyklus) ist in der Ganzzahl 872 mit guter Annäherung ausgedrückt. Wir nennen ‚872‘ in diesem Zusammenhang hier ‚Mondzahl‘ und werden ihr wiederholt begegnen.

Jetzt erweitern wir die Untersuchung des Tagesproduktes 22680 auf die Sonne. Wir gehen genauso vor, wie eben bei der Untersuchung mit dem Mondzyklus und quadrieren die Länge eines Sonnenjahres: $365{,}24^2 = 133400{,}25$. Die Nachkommastelle 0,25 ist gegenüber dem hohen Gesamtwert zu vernachlässigen. Daher ist 133400 eine gute ganzzahlige Annäherung an das Sonnenjahr zum Quadrat. Entsprechend ist 1334 der Hundertste Teil des Sonnenjahres (SJ) zum Quadrat oder als einfache Formel ausgedrückt:

$1334 = \frac{SJ^2}{100}$, in der die Länge eines Sonnenjahres (unsere heutige Dezimalzahl 365,24) in einer Ganzzahl verschlüsselt ist. Wir nennen ‚1334‘ in diesem Zusammenhang hier ‚Sonnenzahl‘ und werden ihr wiederholt begegnen.

Jetzt prüfen wir, ob 1334 ebenfalls ganzzahlig im Tagesprodukt enthalten ist und erzielen wieder einen ganzzahligen Wert: 22680/1334 = 17 (17,001499) oder $1334 \times 17 \approx$ Tagesprodukt (22678).

Der solare Faktor 365,24 (Sonnenzyklus) ist in der Ganzzahl 1334 mit guter Annäherung ausgedrückt. Wir halten fest, dass auf der Gürtelscheibe von Skåne Faktoren der Zyklen von Sonne und Mond verschlüsselt als Ganzzahl auftreten.

Indem die Zyklen von Mond und Sonne mit sich selbst malgenommen (quadriert) werden, wird eine gute Annäherung an eine Ganzzahl erreicht. Auf diese Weise wird der Dezimalbruch umgangen; mit Ganzzahlen kann der geübte Bronzezeitler rechnen.
Dieses Ergebnis reizt zu weiteren Untersuchungen.

Die nachfolgenden Tabellen zeigen das bisher Erarbeitete im Überblick:

Zyklus	Abkürzg.	Tage	Quadrierung Tage	Ganzzahl - Näherung	$\sqrt{Ganzzahl}$	Abweichg. in %
Lunation/ Mondumlauf	Lu	29,53	872,0209	872	29,5296	- 0,00135
Sonnenjahr	SJ	365,24	133400,25	133400	365,2396	- 0,00011
	$\frac{SJ}{10}$	36,524	1334,0025	1334	36,5239	
Meton-Zyklus	M	6939,555	[a] 48157423,598	48157424	6939,5550	
(SJ) 19 x 365,24=M		6939,56	48157492,9936	48157493	6939,5600	
(Lu) 235 x 29,53=M		6939,55	48157354,2025	48157354	6939,5499	
		6940	48163600	48163600	6940	
		6939	48149721	48149721	6939	

[a] 19 x 365,24 x 235 x 29,53 = 48157423,598

Tab. 1: Durch Quadrieren der Zyklen von Sonne und Mond werden Dezimalbrüche in Ganzzahlen verwandelt.

	Meton-Formel Umstellungen	Wert	Quadrierung	$\sqrt{Quadrierung}$	Abweichg. in %
A	$235 = 19 \times \frac{SJ}{Lu}$	$= 235,00032$	$235^2 = 55225 = 361 \times \frac{133400}{872}$	$= 235,00292$	0,00111
B	$Lu = 19 \times \frac{SJ}{235}$	$= 29,530042$	$Lu^2 = 872 = 361 \times \frac{133400}{55225}$	$= 29,530013$	- 0,00010
C	$SJ = 235 \times \frac{Lu}{19}$	$= 365,23947$	$SJ^2 = 133400 = 55225 \times \frac{872}{361}$	$= 365,23508$	- 0,00120
D	$19 = 235 \times \frac{Lu}{SJ}$	$= 18,999961$	$19^2 = 361 = 55225 \times \frac{872}{133400}$	$= 18,999717$	- 0,00128

Tab. 2: Rechnen im Meton-Zyklus mit Ganzzahlen.

Die Tabelle stellt die Umwandlung von Dezimalbrüchen des Meton-Zyklus' in Ganzzahlen mittels Quadrierung der Faktoren komprimiert gegenüber. Die rechte Spalte der Tabelle ermöglicht den Vergleich der Genauigkeit beider Rechenmethoden.

Die Nebra-Scheibe

Mit der Quadrierung der Dezimalbruch-Zyklen zur Ganzzahl haben wir den ersten arithmetischen Ansatzpunkt gewonnen. Den zweiten, nicht weniger wichtigen zeigt uns die Himmelsscheibe von Nebra.

Das uns geläufige Bild der ‚Himmelsscheibe von Nebra' ist das Ergebnis mehrerer Umgestaltungen. Ursprünglich bestand die Bildkomposition der Himmelsscheibe lediglich aus Sonne und Mond und Sternen. Diese Urfassung wurde vier Mal verändert. Über Aufbau, Gepräge, Gestaltung und Bestand der Urscheibe bestehen keine Zweifel. Wir brauchen hier nicht näher darauf einzugehen.

Wir sollten uns die Urscheibe farblich mit blank poliertem Bronzehintergrund vorstellen, denn sie ist, wie wir sehen werden, ein ganz außergewöhnliches Objekt zur Lobpreisung des Mysteriums des Lichts. (Wir erinnern uns an das Fluidum der Leuchtkraft beider Seiten des Trundholm-Diskus' und deren inhaltliche Aussage.) Im Übrigen haben chemische Analysen keinen sicheren Hinweis ergeben, dass der Hintergrund der Nebra-Scheibe einmal dunkel gefärbt war. Mit grüner Patina hat sie nie ein Bronzezeitler gesehen.

Die hier in verkürzter Form vorgestellten Aspekte der Nebra-Scheibe sowie die astronomisch-arithmetischen Zusammenhänge sind ausführlich dargestellt worden (Sommerfeld 2012).

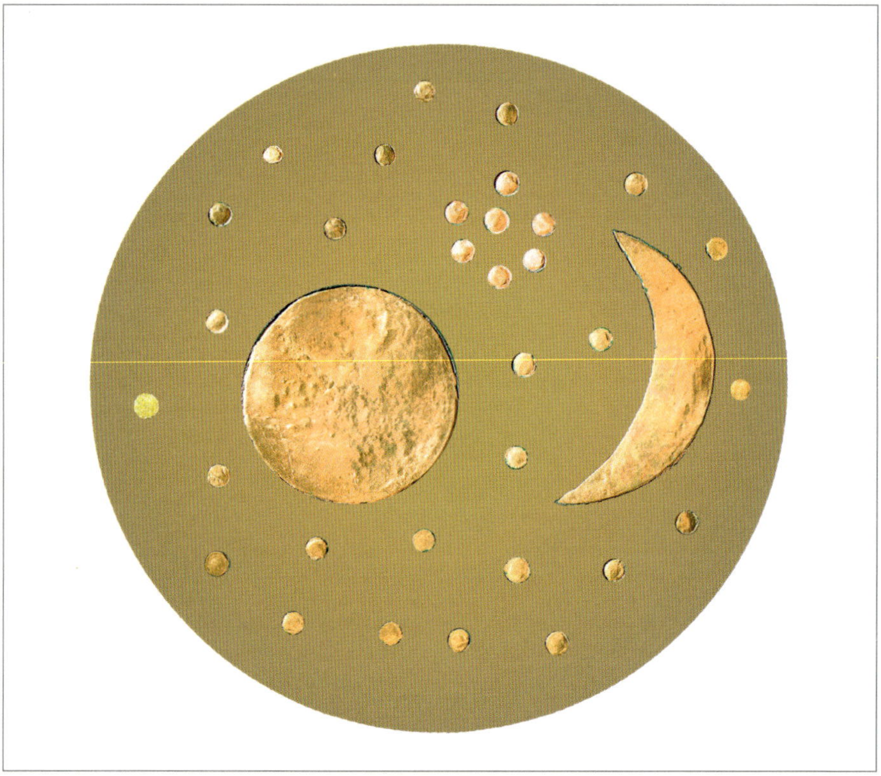

Abb. 6: Die Nebra-Urscheibe. Ihr ‚Code' ist universell lesbar.

Wir betrachten die Bildkomposition: Für die Urscheibe ergibt sich eine Bild-Ikone des bronzezeitlichen Menschen, die das Mysterium des Lichtwechsels (aus heutiger Sicht) stilvoll wiedergibt: Sonne und Mond vor dem Hintergrund der Sterne.

Visuell veranschaulicht die Urscheibe also einen Zusammenhang von Sonne, Mond und Sternen. Eine solche Verknüpfung bietet – aus astronomischer Sicht – der Meton-Zyklus. So liegt es nahe anzunehmen, dass auch die Himmelsscheibe von Nebra diesen Zyklus durch ihre Bildkomposition ausdrückt: das Zeitmaß, in dem Sonne und Mond wieder die Ausgangsstellung am Himmel gegenüber den Sternen erreichen und Weg und Wandel von neuem beginnen.

Wir gehen jetzt dieser Vermutung – gewonnen aus der Bildanalyse – mathematisch nach. Auf der Nebra-Scheibe sind allerdings keine zonalen Gliederungen zu erkennen. Doch geben sich die Sterne durch ihre gleiche Größe als geschlossene Einheit zu verstehen. Bei der Suche nach einer sinnvollen Gliederung richten wir deshalb unser Augenmerk auf die Sterne. Insgesamt sind 32 Sterne auf die Bronzescheibe tauschiert worden. 25 Sterne sind in einer ruhigen, vorderhand ungeordneten Streuung gleichmäßig, mit relativ ausgewogenen Distanzen verteilt. Sie sind offensichtlich so gestreut, dass keine Sternenbilder entstehen. Dagegen wird sichtlich eine Häufung von sieben Sternen hervorgehoben. Die ringförmige Verdichtung dieser sieben Sterne steht leicht oberhalb zwischen Sonne und Mond. Dieses ‚Sternbild' setzt sich deutlich von den übrigen Sternen als punktuelle, annähernd kreisförmig angeordnete Sternenkonzentration ab.

Das Tagesprodukt (TP) auf der Nebra-Urscheibe besteht aus den Faktoren, die aus dem
- Sternbild [7]
- den betont gleichmäßig gesetzten Sternen [25] und
- der Anzahl aller Sterne [7 + 25 = 32]
gebildet werden.

TP_{Nebra}: 7 x 25 x 32 = 5600

In der schlichten Zahl 5600 steckt – wie wir sehen werden – eine ungeheure mathematische Potenz.

Die Potenz der Zahlen

Durchleuchten wir also die mathematische Beziehung zwischen dem Tagesprodukt 5600 und den Zyklen von Sonne und Mond.
Das Produkt 5600 steht durch folgenden Term in Beziehung zur ‚Sonne':

$$\frac{5600}{\sqrt{235}} \approx SJ$$

Mit SJ und dem Wert 235 erfassen wir zwei Faktoren des Meton-Zyklus' zum Quadrat (M^2; s. oben: Die Grundlagen).

Jetzt ist es berechtigt, zu hinterfragen: Wie sind die beiden fehlenden Faktoren zu M^2 – nämlich Lunation (Lu) und der Wert 19 – hinterlegt? Deshalb bestimmen wir die Stellung des Tagesproduktes (5600) innerhalb der M^2-Formel. Wir teilen M^2 durch 5600:
$M^2/TP = 6939{,}555^2/5600 = 48157423{,}598/5600 = 8599{,}5399$.

Dieser Wert liegt nahe bei der Ganzzahl 8600. Wir sind erstaunt. Der Meton-Zyklus zum Quadrat lässt sich demzufolge mit den Ganzzahl-Faktoren 5600 und 8600 recht genau angeben:

$$5600 \times 8600 = 48160000 \approx M^2 \qquad \sqrt{48160000} = 6939{,}7406 \approx M$$

Einer der beiden Faktoren für M^2 ist durch die ‚Scheibeningenieure' von Nebra im Tagesprodukt vorgegeben. 5600 ist eine einfache Zahl und in ihrer Schlichtheit gut merkbar, zudem durch Hundert kürzbar. Für das ‚Pendant' 8600 trifft dasselbe zu. Zwei schiere Ganzzahlen ergänzen sich zum Meton-Zyklus zum Quadrat. Das ist es, was uns erstaunen lässt.

Der Faktor 8600 steht durch folgenden Term in Beziehung zum ‚Mond':

$\frac{8600}{\sqrt{235}} \approx 19 \times Lu$ und enthält die beiden fehlenden Faktoren zu M^2, nach denen wir suchten.

Wir fassen beide Terme zusammen:

$$\frac{5600}{\sqrt{235}} \times \frac{8600}{\sqrt{235}} \approx SJ \times 19 \times Lu$$

Wir eliminieren den Wurzel-Ausdruck und erhalten:

$$5600 \times 8600 \approx SJ \times 19 \times Lu \times 235 = M^2$$

Damit sind alle Faktoren des Terms für M^2 (SJ, Lu, 19, 235) ausgehend vom Tagesprodukt erfasst.

Lösen wir beide Terme nach 5600 bzw. 8600 auf, erhalten wir:
$235 \times SJ^2 \approx 5600^2$ genau: $5599{,}0229^2$ Ganzzahl 5599

Da SJ^2 der Ganzzahl 133400 entspricht, erhalten wir den ganzzahligen Ausdruck:
$235 \times 133400 \approx 5599 \times 5599$ genau: $5599{,}0177^2$ Ganzzahl: 5599

$235 \times (19 \times Lu)^2 \approx 8600^2$ genau: $8601{,}0401^2$ Ganzzahl: 8601

Da Lu^2 der Ganzzahl 872 entspricht, erhalten wir den ganzzahligen Ausdruck:
$235 \times 872 \times 361 \approx 8601 \times 8601$ genau: $8600{,}9371^2$ Ganzzahl: 8601

Wir stellen fest, dass das TP (5600), reduziert um 1 und das ‚Pendant' (8600), vermehrt um 1, die genaueren Werte erbringen:
$5600 \times 8600 \approx M^2$ (48.160.000); Wurzel aus 48.160.000 = 6939,7406 ≈ M
$5599 \times 8601 = M^2$ (48.156.999); Wurzel aus 48.156.999 = 6939,5244 ≈ M
zum Vergleich: $M_{exakt} = 6939{,}555$

Wir fassen zusammen: 5600 und 8600 beinhalten die arithmetischen Strukturen für die Darstellung des Großzyklus' auf komplexe Art. Das schlichte Faktorenpaar 5600 und 8600 gibt den Meton-Zyklus zum Quadrat schon recht genau wieder. Noch genauer aber ergänzen sich 5599 x 8601 zu M^2.

Eins kleiner, eins größer

Durch die Minderung bzw. Vergrößerung um 1 (eins) der Faktoren von M^2 ergibt sich eine höhere Genauigkeit bei der Berechnung des Meton-Zyklus' und seiner astronomisch relevanten Zahlenglieder. Jetzt fragen wir: Ergibt die Bildkomposition der Scheibe Anhaltspunkte für die Minderung bzw. Vergrößerung der Faktoren? Ist der ‚Kunstgriff' ±1 vielleicht im Sinne einer ‚Anweisung' in der Bildhaftigkeit der Nebra-Scheibe hinterlegt?

Wir können unschwer feststellen, dass die ‚Mondsichel' größer ausgelegt ist als das ‚volle Rund' – gleichgültig, ob wir in Letzterem die Sonne, den Vollmond oder beide in einem erkennen wollen (Abb. 6). Tatsache ist, der Sichelmond ist um etwa ein Fünftel größer dargestellt als das ‚volle Rund'. Wir haben es also sowohl im visuellen wie im arithmetischen Zusammenhang mit unterschiedlichen Größen zu tun. Könnte dieser Umstand den ‚Sinnspruch' ausdrücken: Eins kleiner, eins größer?

Halten wir uns an die Bildsprache, dürfen wir beinahe sicher sein, dass die Gedächtnisstütze für das Vermindern bzw. Hinzufügen der Faktoren um eins mit einem Kernspruch ausgedrückt wurde, der das Abnehmen bzw. Zunehmen der Mondgestalt zum Inhalt hat.

Der Sichelmond auf der Scheibe ist ein zunehmender Mond, er ist im Begriff *zuzunehmen*; das ‚volle Rund' (der Vollmond?) kann nicht voller werden, es ist im Begriff *abzunehmen*.

Dies führt uns zurück zum Memogramm-Charakter der gesamten Bildkomposition. Im Bild verfängt sich der Gedanke und wirkt nach. So ist unseres Erachtens die ‚Anweisung' für ±1 auch ganz konkret bildhaft als Redefigur auf der Urscheibe abzulesen:
„Nimm eins vom Kleineren, gib eins dem Größeren."
Das Verhältnis Klein zu Groß korrespondiert mit:
a) der formalen Größe der Zeichen: ● < ☽
b) der Bild-Metapher vom abnehmenden und zunehmenden Mond
c) der Größe der Faktoren: 5600 < 8600

Warum also das Tagesprodukt 5600 (daraus folgt 8600) und nicht 5599 (daraus folgt 8601)? Das Zahlenpaar 5600 und 8600 verhält sich im Konnex des Meton-Zyklus' komplementär; es bündelt annähernd genau den komplexen himmelsmechanischen Verlauf. Die schlichten Zahlen 56(00) und 86(00) sind leicht zu merken. 5600 und 8600 sind gerade, klare, fassliche Zahlen. Anders als 5599 und 8601 möchte man sie als ‚gefällig' beschreiben. Dies wird auch mit dem damaligen Zahlenverständnis so empfunden worden sein. Die Entscheidung der ‚Scheibengestalter' für das ‚glatte' Tagesprodukt 5600 ist Ausdruck (und Notwendigkeit) des Bestrebens nach Einfachheit und Überschaubarkeit, sowohl in arithmetischer Hinsicht, wie unter dem Aspekt der Darstellbarkeit als ‚Sternenfaktor' in der Bildkomposition (ausführlich hierzu: Sommerfeld 2012, 125 f.). Die damit zu erzielende Genauigkeit ist als arithmetischer Aufschluss ausreichend. Für die Beobachtung des Meton-Zyklus' in der Natur ist der ‚kleine Unterschied' bedeutungslos. Die Kenntnis der sehr genauen Werte ist durch den gestalterischen Hinweis «eins kleiner, eins größer» ‚verzeichnet'. Auf diese Weise haben die ‚Scheibeningenieure' ihr noch tiefgründigeres ‚Meisterwissen' hinterlegt.

Mit 5600 und 8600 (bzw. 5599 und 8601) erhalten wir ein erweitertes und äußerst kraftvolles Instrument für die Arithmetik um den Meton-Zyklus. Hierin liegt der Grund, weshalb die Nebra-Scheibe das Tagesprodukt 5600 bekam. Wir werden diesen Zahl(en) wiederholt begegnen.

Die Nebra als Ikone

Die Bildkomposition der Urscheibe ist schnörkellos und ohne Beiwerk, reduziert auf das Notwendige – kein Stern darüber hinaus. Mit einem Zeichenrepertoire von nur drei unterschiedlichen Symbolen – eines davon vervielfacht und in Gruppen arrangiert – ist es gelungen, die präzise Kenntnis eines komplizierten himmelsmechanischen Vorgangs darzustellen und gleichzeitig das darin hinterlegte Dogma ikonographisch so zu be(ur)kunden, dass es universell fassbar ist. Ist es möglich, diese (doppelte) Sinngebung – selbst bei Kenntnis von Schrift – nachdrücklicher und signifikanter zu gestalten, als es auf der Urscheibe von Nebra geschehen ist?

Die Nebra-Scheibe erweist sich damit als Mutter der mitteleuropäischen Scheiben, in deren Dekor die Verschlüsselung gezielter astronomischer Aussagen zur Geltung kommt. Aus Bildelement wird Begriff; aus Begriffszeichen wird abstrakte Zahl. Das in Nebra noch naiv Bildliche wird in Trundholm und den äquivalenten Gürtelscheiben konsequent ornamental umgesetzt. Es wird eine noch höhere Abstraktionsebene erreicht. Torsten Schunke, Halle/S., hat dafür eine treffende Metapher gefunden: „Nebra-Scheibe und Trundholm-Diskus folgen einander wie romanische Basilika und gotische Kathedrale".

Es ist das Dogma, nicht der potenzielle kalendarische Nutzen, das zur Herausbildung der ‚Mathematik' führt und damit zu einer Art ‚Schriftlichkeit'. Gäbe es keinen Vorläufer, wäre der Ursprung der ersten frühen Gürtelscheiben mit arithmetisch-astronomisch durchsetztem Dekor schwerlich erklärbar. Jetzt erlangt die Frage nach der Herkunft des Nebra-Musters umso größere Bedeutung.

Die Resonanz der Nebra-Scheibe ist bis zum Ende der europäischen Bronzezeit durchaus zu vernehmen; ihr Impetus beeinflusst Ornamentik und Leitgedanken einer ganzen Epoche.

Weder Nebra noch Trundholm (mitsamt der äquivalenten Gürtelbronzen) stellen eine Einzellösung für ein irgendwie geartetes, anwendbares lunisolares Kalendarium dar. Diese Feststellung ist wichtig. Es handelt sich nicht um praktikabel umsetzbare Kalendervorschläge, sondern um Mitteilungen von der sehr genauen Kenntnis über die ‚Zuverlässigkeit' und Stetigkeit des Lichts. Diese Mitteilungen sind das religions-philosophische Fundament der europäischen Bronzezeit.

In der Schlichtheit ihrer Bildkomposition ist die Urscheibe vollkommen. Das Signum besteht aus Zeichen, die universell lesbar sind. Die Himmelsmechanik, die es beschreibt, ist überall und immerwährend nachvollziehbar – sie beruht auf Naturgesetzen.

Rechen-Kunst

Wir haben bisher zwei wesentliche Bestandteile der ‚Trundholm-Mathematik' kennen gelernt:
- Das Quadrieren der Zyklen von Sonne und Mond zwecks Umwandlung der Periodizitäten in Ganzzahlen.
- Die schlichten Ganzzahlen 56(00) und 86(00) und deren Potenz im arithmetischen Gefüge des Meton-Zyklus', die eine erhebliche Erweiterung arithmetischer Anwendungen ermöglichen, da sie elementare Werte des Zyklus' auf verzweigte Art im Groß-Zyklus bündeln (vgl. mit Tab. 2).

Der folgende Kasten veranschaulicht zusammenfassend die arithmetische Tiefe, durch die ganzzahlige ‚Meton-Bausteine' erreicht werden.

I Die Zusammenzählung ganzer Tage eines Meton-Zyklus' ergibt eine Summe:
1+1+1+1... ... = 6939/6940; = Wert der Summe

II Macht man aus einer Summe ein Produkt, zerlegt man die Summe in Faktoren:
Faktor x Faktor = Wert des Produktes

III Der Meton-Zyklus (als Summe ganzer Tage) ist das Produkt von Faktoren

IV Die Faktoren des Meton-Zyklus' bestehen aus:
a)- den Zyklen von Sonne (365,24) und Mond (29,53) sowie
b)- der Anzahl der Zyklen (19; 235)

V Das Quadrieren der Zyklen führt zu Ganzzahlen (133400; 872)

VI Die „Nebra-Zahlen" 5600 [5599] und 8600 [8601] sind außerordentlich potente Faktoren des Meton-Zyklus' zum Quadrat.
M = 19 x SJ; M = 235 x Lu
M^2 = 19 x SJ x 235 x Lu = 5600 [5599] x 8600 [8601]

Das ‚Tagesprodukt', das durch die ‚dinglichen' Zählzeichen im kreiszonalen Ornament vorgegeben ist, ist der Ausgangspunkt. Es ist gewissermaßen der ‚Speicher' für die arithmetisch (nach Regeln) gekoppelten elementaren astronomischen Werte des Meton-Zyklus'. Kreiert ein ‚Scheibeningenieur' ein Tagesprodukt, will er damit seine tiefgründigen Kenntnisse über den Meton-Zyklus ausdrücken und zeigen, dass er Lauf, Gestalt und Stetigkeit der Licht spendenden Himmelskörper erfasst und verstanden hat und seine Kenntnisse auf mannigfache Art ausdrücken kann. Im Tagesprodukt wird also das Wissen und die profunde Kenntnis um den Meton-Zyklus darlegt. Was diese Aussage im religiös-rituellem Kontext bedeutet, haben wir oben im Abschnitt ‚Das Mysterium des Lichts' umschrieben.

Wir müssen nun herausfinden, welche ‚Meton-Bausteine' ganzzahlig im Tagesprodukt – letztendlich im visuellen Konstrukt der Scheibe – codiert sind. Deshalb müssen wir das Tagesprodukt durch eine für den Meton-Zyklus sinnfällige Zahl teilen. Es wäre grundsätzlich falsch, würden wir das Tagesprodukt durch einen ‚Meton-Baustein' erweitern statt zu teilen, denn dann würde sich der ‚hineingesteckte' Wert natürlich im Ergebnis wieder bemerkbar machen. (Diesen [und andere] gravierenden methodischen Fehler macht R. Hansen bei seiner Interpretation der Nebra-Urscheibe (s. Sommerfeld 2012, Anm. 24 u. 29 mit Literatur zur These Hansens)).

Nun kann man aber beileibe nicht jede beliebige Zahl als Tagesprodukt heranziehen. Machen wir uns einmal klar, wie es sich im Ergebnis auswirkt, wenn auch nur ein Zählzeichen weggelassen/hinzugefügt oder einer anderen Zone zugeschlagen wird: Ein solcher Fehler potenziert sich unkalkulierbar. Die hinterlegten Faktoren müssen auf den intendierten Wert abgestimmt, sorgfältig errechnet und positioniert werden, um im Ergebnis dem Meton-Zyklus taggenau zu entsprechen.

Wer sich mit Kombinationsstatistik auskennt, wird schnell feststellen, dass sich auf dreizonigen Scheiben, wenn wir als Minimum 8 und als Maximum 31 Zählzeichen pro Zone ansetzen (Werte, die den realen Scheiben entsprechen) die mögliche Anzahl von Produkten sich auf mehrere Zehntausend summieren. Bei vierzonigen Scheiben steigt die Anzahl potenzieller Produkte in den Millionenbereich.

Noch eine weitere Anforderung müssen die Faktoren erfüllen. Nun kommt die Ästhetik ins Spiel. Die drei- und vierzonigen Gürtelscheiben erzielen ihre brillante Wirkung durch die ausgewogene Proportionierung der Kreisbahnen, der Größenstaffelung der Wendespiralen von innerer Kreisbahn zu äußerer Kreisbahn, einhergehend mit dem sorgfältig bemessenen gleichmäßigen Abstand der Spiralen innerhalb derselben (s. Abb. 3 u. 4).

Die Faktorenzerlegung schränkt die Entscheidung für ein der Intention geeignetes Tagesprodukt zusätzlich ein, denn die Anzahl der Zählzeichen der einzelnen Faktoren müssen recht nahe beieinander liegen, um – als kreiszonal angeordnete dingliche Zählzeichen – den gefälligen Proportionen entsprechen zu können.

Das Tagesprodukt der Scheibe von Vognserup wird mit den Faktoren 14 x 23 x 31 = 9982 dargestellt. 9982 ließe sich beispielsweise aber auch durch die Faktoren 2 x 23 x 217 oder 2 x 31 x 161 erzielen. Scheiben mit einer solchen Faktoren-Zonierung wären alles andere als ausgeglichen und harmonisch. Die Beherrschung der Faktorenzerlegung ist also gleichfalls vonnöten.

Das Zusammenspiel all dieser Details im Einklang mit dem fahlen Glanz polierter Bronze macht die Scheibe zu einem Kunstwerk. Dies alles musste unser ‚Scheibeningenieur' berücksichtigen. Wir ziehen den Hut vor ihm. Es kommt also nicht nur auf das ‚Rechnen', sondern auch auf die ‚Kunst' an.

Wir lösen im Folgenden drei alt-bronzezeitliche Gürtelbronzen arithmetisch auf und benötigen dabei lediglich Mathematik-Kenntnisse, über die ein heutiger Schüler nach Abschluss der 7. Klasse verfügen sollte. Das erste der drei Rechen-Beispiele wird ausführlich erläutert, um den Einstieg zu erleichtern.

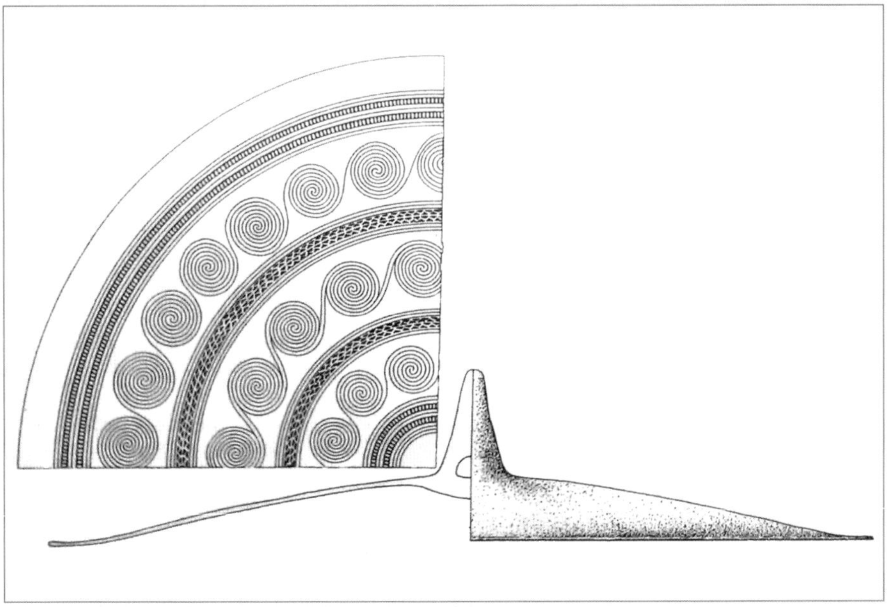

Abb. 7: Gürtelscheibe von Lykkebjerggård/Vallekilde, Holbæk Amt, DK (Per. II).

1. Schritt: Das Tagesprodukt (TP) der Scheibe wird durch die Multiplikation der Anzahl der Wendespiralen der drei Kreiszonen ermittelt:
$TP_{Lykkebjerggård}$: 12 x 18 x 30 = 6480
2. Schritt: Das Tagesprodukt wird mit sich selbst malgenommen.
3. Schritt: Wir teilen das mit sich selbst malgenommene Tagesprodukt durch eine mit sich selbst malgenommenen Lunation (872). (Wir könnten uns Schritt 2 und Schritt 3 sparen und das Tagesprodukt (6480) gleich durch eine Lunation (29,53) teilen. Doch dann müssten wir statt mit Ganzzahlen mit Dezimalzahlen operieren und diese quadrieren. Das wollen wir weder uns noch den Bronzezeitlern zumuten).
4. Schritt: Wir multiplizieren das Ergebnis mit 1000... (Dürfen wir das? Ja, das dürfen wir, denn wir verändern nicht den vorgegebenen Wert, sondern ‚verschieben' ihn nur in eine höhere Dezimalebene auf dem Zahlenstrahl).

... und erhalten den Meton-Zyklus zum Quadrat.

$$\frac{6480^2}{Lu^2}\times 1000 = M^2 \qquad \frac{6480^2}{872}\times 1000 = 6939{,}3175\times 6939{,}3175$$

Nun könnten die ‚Nebra-Zahlen' 5600 [5599] und 8600 [8601] zum Zuge kommen, um den Term in weitere ‚Meton-Bausteine' aufzugliedern...

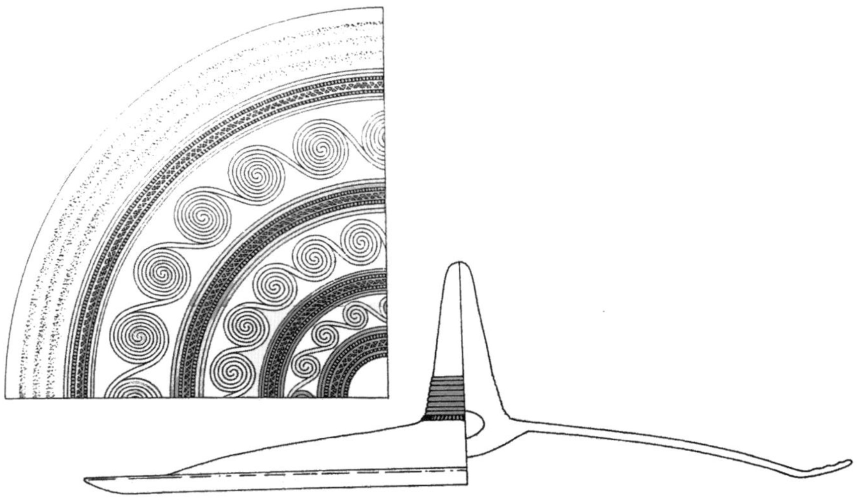

Abb. 8: Gürtelscheibe von Jægersborg, København Amt, DK, (Per. II).

$TP_{Jægersborg}$: 15 x 20 x 23 = 6900

Wir ziehen vom Tagesprodukt eins (1) ab: TP – 1 = 6899

Das Tagesprodukt 6899 ist eine ‚Huldigung' an die Sonnen-Zahl „19".

$$\frac{6899^2}{19 \times 19 \times 19} = M \qquad \frac{6899^2}{19 \times 19 \times 19 \times 19} = SJ$$

Warum ist es erforderlich, das Tagesprodukt um eins (1) zu verringern?
6900 – 1 = 6899. 6899 ist eine Primzahl und als solche nicht durch ganzzahlige Faktoren darstellbar. 6900 ist die bestmögliche faktoriell erreichbare ganzzahlige Annäherung an die Primzahl 6899.

Der ‚Rechenmeister von Jægersborg' nimmt das Prinzip ‚eins kleiner, eins größer' auf, das wir bei der Nebra-Scheibe konstatiert haben (s. o.: 5600 ist ausreichend; 5600 – 1 = 5599 ist genauer). Dies ist seine ‚Handschrift'. Auf der in der Nachbargemarkung gefundenen Scheibe von Jægersborg-Hegn wird die nämliche Methode angewandt. (Aus Jægersborg-Hegn stammt im Übrigen auch das Fragment einer goldbelegten Zierscheibe, die als Rest eines weiteren ‚Sonnenwagens' à la Trundholm gilt).

Vognserup, Holbæk Amt, DK (Per. II, spät). (Abb. 3)

$TP_{Vognserup}$: 14 x 23 x 31 = 9982 zeigt an, dass der Rechenmeister die genaue Nebra-Zahl 5599 kannte.

$$\frac{9982^2}{133400^2} \times 1000^2 = 5599 \qquad \frac{9982^2}{1334^2} \times 100 = 5599 \qquad [5599{,}1676]$$

Aus den alt-bronzezeitlichen ‚Gürtelscheiben' entwickeln sich zur mittleren Bronzezeit ‚Gürteldosen', aus denen zur späten Bronzezeit so genannte ‚Hängebecken' hervorgehen (s. a. Abb. 1). All diese Gürtelbronzen sind Bestandteile der Tracht ‚gehobener Frauen' und wurden am Unterleib getragen. Wir sollten uns durchaus einmal Gedanken machen, warum es überwiegend die Gürtelbronzen sind, auf deren Schauseite die Vereinigung von Sonne und Mond verschlüsselt ist.

Abb. 9 zeigt ein typisches Hängebecken aus der späten Bronzezeit. Aus den flachen Scheiben mit hervorragendem Mitteldorn sind bauchige Formen entstanden. Auch das Dekor hat sich verändert. Aus spiral- oder kreisförmigen Zählzeichen sind zeichensprachliche ‚Wesen' geworden, die wir auf den zeitgleichen Rasiermessern wiederfinden. Sie gehören der Sphäre an, die uns Flemming Kaul so eindrücklich nahe gebracht hat und mit der „zyklischen Reise der Sonne" umschreibt (bes. Kaul 1998; u.a. auch Kaul 2012.).

Aus dinglich-abstraktem Dekor wird bildhafte, mythische ‚Er-Zählung'. Unter diesem Aspekt lohnt es sich unbedingt, den umfangreichen Tafelteil des Corpus' der Bronzebecken einmal durchzublättern (Sprockhoff/Höckmann 1979). Wir finden sie alle wieder: die Kaul'schen ‚Wesen'. Auf den Bronzebecken stehen sie im Zusammenhang mit der ‚Trundholm-Mathematik'. Ihr Arrangement unterliegt den nämlichen Kriterien wie die der vormals abstrakten Zeichen der Unärkodierung und dient der Veranschaulichung virtuoser Kenntnis über den Meton-Zyklus.

Abb. 9: Hängebecken aus der Gegend von Neubrandenburg, D, (Per. V).

$TP_{Neubrandenburg}$: 3 x 8 x 13 x 20 = 6240

$$\frac{6240^2}{10 \times 19 \times Lu} = M \qquad [6939{,}8824]$$

$$\frac{TP^2}{10 \times 361 \times Lu} = SJ \qquad [365{,}25698]$$

Ganzzahlig sind folgende Meton-Glieder ableitbar:

$$\frac{TP^2}{10 \times Lu^2 \times 235} = 19 \qquad \frac{6240^2}{10 \times 872 \times 235} = 19$$

$$\frac{TP^2}{10 \times 19 \times 235} = Lu^2 \qquad \frac{6240^2}{10 \times 19 \times 235} = 872$$

$$\frac{TP^2}{10 \times 19 \times Lu^2} = 235 \qquad \frac{6240^2}{10 \times 19 \times 872} = 235$$

Diese Rechenbeispiele mögen vorerst genügen, um einen Eindruck zu vermitteln von der erstaunlichen Kenntnis astronomischer Zusammenhänge, dem virtuosen Umgang mit Zahlen und Zeichen und dem sich dahinter verborgenem Glaubensdogma – ein Dogma, das über die gesamte Bronzezeit zu belegen ist.

* * *

Wir sind noch längst nicht am Ende unserer Reise. Anfangs (Abb. 1) wurde auf weitere bronzezeitliche Preziosen verwiesen, die hier nicht weiter besprochen wurden. Gleichwohl trifft auf sie dasselbe zu: Ihr Dekor verschlüsselt die profunde Kenntnis des Meton-Zyklus'. Inmitten all der prachtvollen goldenen Kultgegenstände wirkt das bronzene ‚Stirnband von Roga' im Landkreis Mecklenburg-Strelitz (Sprockhoff 1955, 14 ff. u. Abb. 8) nahezu kümmerlich. Aber dieses unscheinbare Bronzeblech hat es in sich. Die Kombination von Bildszenen und einfachen Strichreihungen stellt ein Meisterwerk bildsprachlicher Aussagen – weit über das bisher Geschilderte – dar. Wenn bildliche Szenen – Sprockhoff sprach von der prächtigsten Darstellung des „Sonnenpferdes" – dem so ziemlich Langweiligsten, was wir auf Bronze gepunzt vorfinden, nämlich Anreihungen von banalen Strichen, gegenüberstellt werden, dann hat dies etwas zu bedeuten. Der Mensch macht nichts ohne Absicht. Es muss doch herauszufinden sein, was der Schöpfer des Blechbandes mit dessen Fertigung zum Ausdruck bringen wollte! Diese Fragestellung beschäftigte den Verfasser seit Jahren und war der Ausgangspunkt für die Studien über den Trundholm-Diskus und die Nebra-Scheibe.

Der Aufbau des Zierbandes ist dem der ringzonen-gegliederten Scheiben ähnlich. Nur sind die ‚Zählzonen' nicht ringförmig konzentrisch gestaffelt, sondern als Band aneinandergefügt bzw. gegenübergestellt. Die bildlichen Szenen lassen sich interpretieren und geben das Thema vor. Gleichzeitig bestehen die szenischen Darstellungen selbst aus Zählreihen (Strichreihen), die in Kombination und Verschmelzung mit den ausschließlichen Zählreihen ein Geflecht von Zahlenrhythmen ergeben, die einen eindeutigen Bezug zu astronomischen Kenntnissen der Himmelsmechanik von Sonne und Mond beinhalten. Wieder wird ‚er-zählt'. Das Zierband von Roga bringt die Darstellung eines geschlossenen Vorgangs zum Ausdruck. Ein solcher ist auf dem Band offensichtlich wiedergegeben und in seinen Grundzügen, seinem Wesenskern zu erfassen.

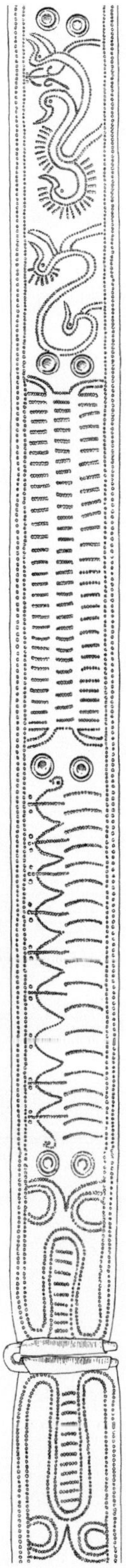

Das Zierband teilt spätbronzezeitliches Gedankengut mit und – was wichtiger ist – Denkweisen. Es verrät uns wohl mehr als sein Urheber vielleicht preisgeben wollte. Es zeigt vor allem, wie mächtig der Meton-Zyklus durch einfachste Zahlen zu erzielen ist. Am Ende erreichen die Bronzezeitler ihr Ziel mittels einfachster Zahlen und erstaunlich simpler, formelhafter Terme. Und immer noch stimmt der Meton-Zyklus stundengenau. Das Roga-Band steckt voller mathematischer Kleinode. Eines davon lernen wir abschließend kennen.

Bronzezeitlich denken

Flemming Kaul (2012, 9, Abb. 7) hat kürzlich in dieser Schriftenreihe einen Bildstein aus Ryegaard (nördliches Seeland; vermutlich Teil einer Steinkiste) vorgestellt und dessen Motiv – einen zweirädrigen Deichselwagen – recht plausibel mit dem Spreewälder Bronzewägelchen von Burg 1865 in Verbindung gebracht (Abb. 10). Hinter dem Wagen ist eine menschliche Figur mit erhobenen Händen zu erkennen. Diese Kombination ist spannend, denn sie verbindet ein Bronzewägelchen mit einer menschlichen Handlung. Wir sehen das Vehikel gewissermaßen in Anwendung. Dass Mensch und Wagen zeremoniell zusammengehören, belegen die drei Abzweigungen am Ende der Deichsel. Sie geben sich durch ihre leichten Biegungen als Stierkopf-Protome zu erkennen und vereinigen sich mit den beiden Fingern der rechten Hand des Deichselstangenschiebers zu einer fünffingrigen Hand.

Abb. 10: Bildstein von Ryegaard mit Burger Bronzewägelchen.

Von skandinavischen Felsbildern kennen wir eine Vielzahl menschlicher Gestalten mit dem Gestus erhobener Hände. Die berühmteste Felszeichnung eines ‚Adoranten' dürfte der „Schuhmacher" aus Backa in Schweden sein, der Sie umseitig grüßt. Die bekannte Grabplatte von Anderlingen in Niedersachsen zeigt ebenfalls Adoranten. Auch auf Bronzen und Keramiken sind menschliche Figuren mit erhobenen Händen und explizit gestreckten Fingern nicht selten.

Was aber bedeuten die erhobenen Hände? Ist es wirklich nur eine vage zu umschreibende Anbetungsgeste? Den Schlüssel zur Lösung dieser Frage trägt ein jeder von uns an sich. Sie müssen sich die Auflösung allerdings selbst erarbeiten. Nehmen Sie einen Taschenrechner zur Hand und teilen Sie 1, besser 10^7 (= 10 000 000) durch die Zahl, die Sie erkennen, wenn Sie in Ihre Handflächen schauen und Ihre Finger betrachten.

Wenn Sie ‚bronzezeitlich' gedacht haben, werden Sie nun wissen, was durch den Gestus der erhobenen Hände in der Bronzezeit verehrt wurde und in welchem Dienst die Spreewaldwägelchen ihre Spuren im Sand hinterlassen haben.

Abbildungen:

Abb. 1, 2, 5, Montagen (Verf.); 3, 4 Montagen nach Fotografien der Internet-Präsentation des Dänischen National Museums, Kopenhagen; 6 Randsborg/Christensen, 76, Fig. 31; 7 Aner /Kersten II, 884; 8 Aner /Kersten I, 371; 9 Hundt 1997, Taf. 20; 10 Montage nach Kaul 2012. Nachweis der Gürtelscheiben und Zonenbelegungen: Sommerfeld 2010, 217, 240.

Literatur:

Aner/Kersten: Die Funde der älteren Bronzezeit des nordischen Kreises in Dänemark, Schleswig-Holstein und Niedersachsen. I–XII (København, Neumünster 1976–2008).

Hundt, H.-J. (1997): Die jungere Bronzezeit in Mecklenburg-Vorpommern. Beiträge zur Ur- und Frühgeschichte Mecklenburg-Vorpommerns. 31 (Lübstorf 1997).

Kaul, F. (2012): Wagen, Kult und Religion in der nordischen Bronzezeit. In: Faszinosum Lausitzer Kultur, Heft 3, Schriftenreihe der Spreewälder Kulturstiftung Burg-Müschen, Burg/Spreewald, 6-18.

Kaul, F. (1998): Ships on Bronzes, A Study in Bronze Age Religion and Iconography. Publications from the National Museum. Stud. in Arch. and Hist, Vol. 3.1 u. 3.2 (Copenhagen 1998).

Sommerfeld, C. (2010): ... nach Jahr und Tag – Bemerkungen über die Trundholm-Scheiben. Praehistorische Zeitschrift Bd. 85, H. 2 (2010) 207 - 247).

Sommerfeld, C. (2012): ... Sterne mal Sterne durch Sonne ist Mond – Bemerkungen über die Nebra-Scheibe. Praehistorische Zeitschrift Bd. 87, H. 1 (2012) 110 - 131).

Sprockhoff, E. (1955): Das bronzene Zierband von Kronshagen bei Kiel. Offa 14, 1955, 4-120.

Sprockhoff, E./Höckmann, O. (1979): Die gegossenen Bronzebecken der jüngeren nordischen Bonzezeit. Kataloge vor- und frühgeschichtlicher Altertümer, Band 19, RGZM (Mainz 1979).

Randsborg, K./Christensen, K. (2006): Bronze Age Oak-Coffin Graves. Archaeology and Dendro-Dating. Acta Arch. 77,1 (København 2006).

Architektur, Maße und Dekore während der Hallstatt-C-Periode in Niederschlesien

Dr. Tomasz Gralak

Die Hallstatt-C-Periode in Niederschlesien bringt eine erhebliche Veränderung der materiellen Kultur sowie einen radikalen Wandel in der Wahrnehmung von Raum mit sich. Dieser Beitrag stellt eine messtechnische Analyse der erhaltenen Gebäude dar, deren Ergebnisse mit den Keramik-Dekoren aus der gleichen Zeit verglichen wurden.

Ein solcher Vergleich beginnt mit einer messtechnischen Analyse der Umrisse von Baukörpern und macht so die Rekonstruktion ihrer Grundrisse möglich. Die Pläne der Gebäude wurden dann mit der Gestaltung von Dekoren auf Keramikgefäßen verglichen. Dieses Verfahren hat das Ziel, auf der einen Seite die Erkenntnisse über die Bauweise zu überprüfen, und auf der anderen Seite die kulturellen Formen der Wahrnehmung und Organisation von Räumen durch die Menschen in der Vergangenheit zu erkennen. Darüber hinaus ist ein Versuch unternommen worden, die Ergebnisse der messtechnischen Untersuchungen des Autors (Gralak 2009, 2010) durch einen Vergleich mit den Ergebnissen der Analysen anderer archäologischer Fundorte zu überprüfen.

Ausgrabungsstätte 15 in Wojkowice

Die erste Ausgrabungsstätte, bei der eine Maßeinheit erkannt wurde, war eine Siedlung der Lausitzer Kultur aus der Hallstatt-C-Periode in Wojkowice (Ausgrabungsstätte 15), im Bezirk Wrocław (Gralak 2010). Nach der Rekonstruktion der Gebäude wurde festgestellt, dass der Abstand zwischen den Pfahllöchern nahezu identisch war. Daraufhin wurden die Baupläne solcher Gebäude verglichen. Die längste regelmäßige Anordnung der Pfahllöcher befand sich an der nördlichen Wand des Gebäudes B48 (Abb. 1A). Der Abstand zwischen den beiden Außenpfosten betrug 9,42 Meter. Er wurde in sechs gleiche Abschnitte, die durch Pfahllöcher markiert sind, unterteilt. Der Abstand zwischen den Löchern betrug 1,57 Meter. Mit Hilfe dieses Maßes wurde ein Planquadrat entwickelt und auf die Baupläne der später entstandenen Gebäude B8, B7 und B9 projiziert.

Zu beachten ist, dass bei diesem Verfahren geringfügige Ungenauigkeiten auftreten können. Die Berechnungen wurden auf der Grundlage von Plänen im Maßstab von 1:100 erstellt, die während der Ausgrabungen gezeichnet wurden. Daher können Abweichungen bereits durch die Strichstärke eines Bleistiftes hervorgerufen werden. Außerdem ist zu berücksichtigen, dass bei dieser Methode die Möglichkeit, die Maßeinheit für kleinere Strukturen zu unterscheiden, stark vermindert ist. Für eine Analyse gab es hier zu wenige sich wiederholende Elemente. Erwähnt werden sollte ebenfalls, dass das vorgestellte Verfahren auf einer geometrischen Analyse mit Schwerpunkt auf sich wiederholende Einheiten beruht, hier besonders auf Teile und Formen. Die Grafik besteht aus einem sich wiederholenden Raster und sollte nur als eine Art „Lineal" gesehen werden.

Zuerst wurde das Gebäude B8 analysiert. Es bestand aus drei Paaren von gut sichtbaren Pfählen. Kleine Pfahllöcher, die sich im Inneren befanden, gelten für die allgemeine Konstruktion als irrelevant und wurden hier nicht beachtet. Die beiden östlichen Pfahllöcher-Paare bildeten ein klares Quadrat, wobei die Seiten zweimal länger als der Abstand zwischen den Pfählen im Gebäude B48 waren. Das westliche Pfahllöcher-Paar wurde in einem Abstand von 1,5 Mal des Abstands zwischen den Pfählen im Gebäude B48 gesetzt. Daraus wurde geschlossen, dass die ermittelte Entfernung – 1,57 Meter – das Doppelte der einfachen Einheit von ungefähr 0,785 Metern war. Genau das gleiche Layout und die gleichen Abstände wurden bei den anderen Gebäuden B7 und B9 ermittelt. Die Baupläne der analysierten Gebäude wurden anschließend auf eine Graphik projiziert und zwar in ein Raster, das der rekonstruierten Einheit von 0,785 Metern (Abb. 1B) entspricht. Wenn man dieser Annahme folgt, dann bestehen die Gebäude B8, B7 und B9 aus zwei Modulen: einem Quadrat, dessen Seiten 4 x 4 Einheiten lang sind und einem Rechteck, dessen Seitenlänge 4 x 3 Einheiten beträgt. Die Gesamtkonstruktion wurde auf einer rechteckigen Fläche mit der Seitenlänge von 4 x 7 Einheiten errichtet. Hier die Zusammenfassung der rekonstruierten Messdaten:

1 Längeneinheit = 0,785 m, 1 Flächeneinheit = 0,616225 m^2
quadratisches Modul: 4 Einheiten x 4 Einheiten = 3,14 m x 3,14 m,
16 quadratische Einheiten = 9,8596 m^2
rechteckiges Modul: 3 Einheiten x 4 Einheiten = 2,355 m x 3,14 m,
12 quadratische Einheiten = 7,3947 m^2

Wahrscheinlich resultieren diese Maße aus den Techniken, die bei der Bauplanung angewendet wurden. Vielleicht war das Instrument eine Schnur mit markierten Längeneinheiten. Es ist anzunehmen, dass das pythagoreische Dreieck zur Bestimmung des rechten Winkels verwendet wurde. Im Falle eines rechteckigen Moduls waren die Katheten 3 und 4 Längeneinheiten lang und die Hypotenuse entsprach 5 Längeneinheiten. Das ganze Gebäude wurde mit einem einfachen Dreieck entworfen, wobei die Katheten 4 und 7 Einheiten und die Hypotenuse 8 Einheiten entsprachen. Eine leichte Ungenauigkeit bei dieser Methode beeinträchtigte wahrscheinlich nicht wesentlich die Qualität der Bauausführung – im metrischen System betrug diese Abweichung 0,048827 Meter.

$c^2 = a^2 + b^2$	$c^2 = a^2 + b^2$
$c^2 = 3^2 + 4^2$	$c^2 = 4^2 + 7^2$
$c^2 = 9 + 16$	$c^2 = 16 + 49$
$c = \sqrt{25}$	$c = \sqrt{65}$
$c = 5$	$c = 8{,}0622$

Die ermittelte Einheit – 0,785 Meter – gehört wahrscheinlich zu den typischen anthropometrischen Einheiten, die sich aus den Dimensionen des menschlichen Körpers ergeben. (Anthropometrie ist die Lehre von der Ermittlung und Anwendung der Maße des menschlichen Körpers. Wikipedia., d. Ü.) Dieses Phänomen ist in der ganzen Welt (Ball 2004, S. 34-37) bekannt. In diesem speziellen Fall könnte die Einheit ein Äquivalent eines Schrittmaßes sein, eines halben Fadens, wie bereits im russischen traditionellen Maßeinheitenystem mit 0,76 Metern beschrieben (Rybakov 1949, S. 70, Abb. 1). Im Falle der Einheit, die auf den Ausgrabungsstätten der Hallstatt-C-Periode gefunden wurde, handelt es sich wahrscheinlich um eine dichotome Einteilung: d. h. ein Faden (1,57 Meter) in zwei halbe Fäden geteilt – 0,785 Meter. Anzumerken ist, dass eine nahezu identische Einheit von 0,7855 auch in Jütland in der frühen Bronzezeit und in der römischen Periode gefunden wurde (Randsborg 2011, S. 181, Abb. 1).

Die Module sowie die Abmessungen der rekonstruierten Einheiten sind zu einem Kriterium für die typologische Einteilung der Bauten aus der Siedlung in Wojkowice geworden. So konnten alle Gebäudereste, die sich in einem einwandfreien Zustand befanden, klassifiziert werden (Gralak 2010, S. 10-70). Auch bei älteren Strukturen wurde festgestellt, dass sie genaue Analogien zu den anderen Ausgrabungsstätten der Hallstatt-C-Periode in Schlesien aufwiesen: so z. B. in Stary Ślesców und Milejowice, beide im Bezirk Wrocław gelegen. Bei diesen Siedlungen wurden ebenfalls Module ermittelt, die die gleiche Maßeinheit und dieselbe Bauweise aufwiesen. Durch diesen Vergleich konnte die Genauigkeit der Ergebnisse der Messungen in Wojkowice nachgewiesen werden.

Die erste Kategorie von Gebäuden in Wojkowice waren Reihen-Pfahl-Konstruktionen, die durch regelmäßige Abstände zwischen den Pfählen und ordentliche, rechteckige Formen gekennzeichnet waren. Alle Konstruktionen sind durch zwei parallele Reihen von Pfählen gekennzeichnet. Als Kriterium für die Einteilung wurde die Anzahl der Pfähle verwendet. Sechs-Pfahlbauten – B7, B8 und B9 – bestehen aus zwei Reihen von drei parallel zueinander verlaufenden Pfahllöchern. Diese bilden ein regelmäßiges Rechteck. Der Bauplan weist zwei Module auf – ein quadratisches und ein rechteckiges. Jedes Bauwerk hatte dieselbe Größe – 4 x 7 Einheiten, d. h. 3,14 Meter x 5,495 Meter und eine Fläche von 28 Quadrat-Einheiten oder 17,2543 m² (Abb. 2).

Entdeckt wurde auch ein Bauwerk, das Pfahllöcher an nur einer Wand aufweist. Solche Sechs-Pfahlbauten wurden auch in Milejowice, z. B. 31, 41, 48 (Bugaj, Kopiasz 2006, Abb. 4, Abb. 3) gefunden. Sie hatten ähnliche Dimensionen und Bauausführungen. Festgestellt wurde ebenfalls, dass kleine, innenliegende Holzpfähle in der Mitte der kürzeren Wand des rechteckigen Moduls verwendet worden waren. Dies ähnelt der Bauweise, die auch bei dem Gebäude B8 in Wojkowice angewendet wurde, obwohl dort auch solche Pfähle in den quadratischen Modulen gefunden wurden. Sechs-Pfahlbauten wurden auch bei den Ausgrabungsstätten von Stary Ślesców 17 identifiziert, Gebäude wie z. B. IV und V (Abb. 3) (Kopiasz 2003, Abb. 6).

In Wojkowice wurden die Gebäude B11 und B12 als Konstruktionen mit acht Pfählen identifiziert. Sie bestanden aus zwei parallelen Reihen von vier Pfählen. Ihre Bauweise zeigt, dass beide Gebäude aus zwei rechteckigen und einem quadratisches Modul bestanden.

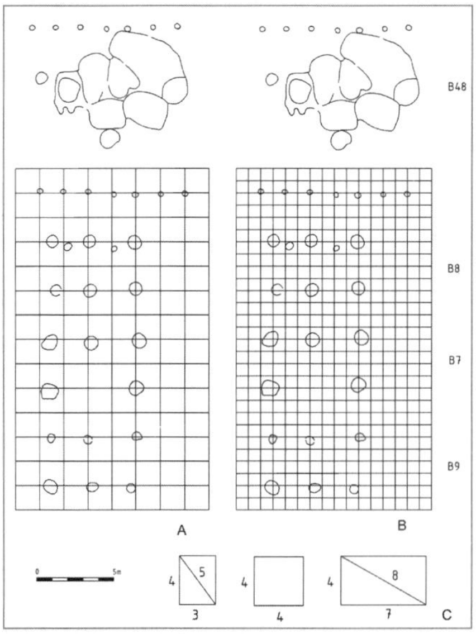

Abb. 1: Wojkowice 15, Bezirk Wrocław. A – Gebäudeplan B 48, B8, B7, B9 Zeichnung mit dem Raster 1,57 m, B – Gebäudeplan B 48, B 8, B 7, B 9 Zeichnung mit dem Raster 0,785 m, C – ermittelte Baumodule. *Nach T. Gralak 2010*

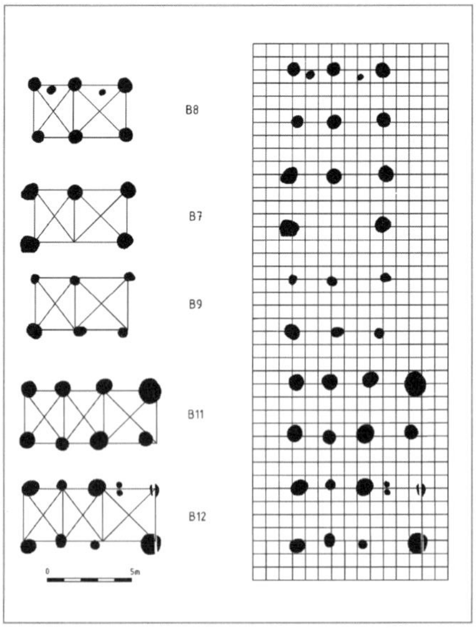

Abb. 2: Wojkowice 15, Bezirk Wrocław, Pläne der Reihen-Pfahlbauten B 8, B7, B9, B 11, B 12 im Raster von 0,785 m und ermittelte Baumodule. *Nach T. Gralak 2010*

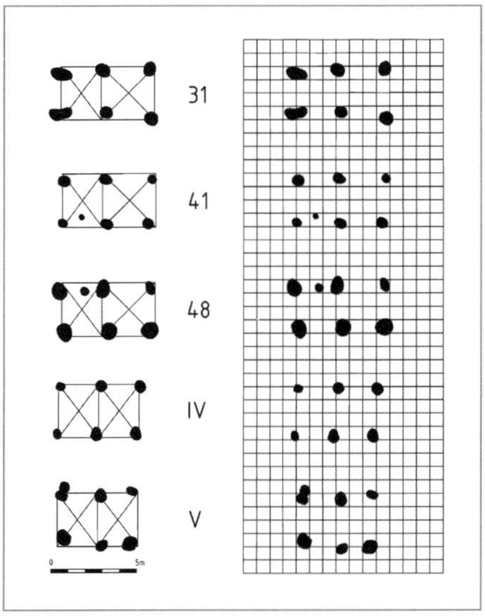

Abb. 3: Milejowice 19, Bezirk Wrocław; Gebäude 31, 41, 48; Stary Śleszów 17, Bezirk Wrocław: Gebäude IV, V mit einem Raster von 0,785 m und ermittelte Baumodule. *Zeichnung T. Gralak, nach J. Kopiasz 2003, E. Bugaj, J. Kopiasz 2006*

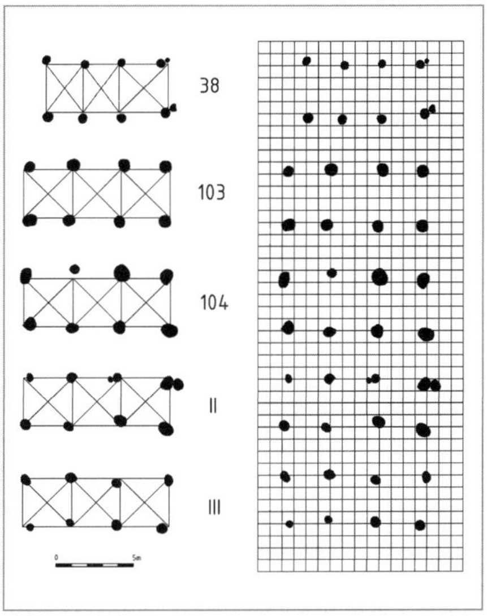

Abb. 4: Milejowice 19, Bezirk Wrocław; Gebäude 38, 103, 104; Stary Śleszów 17, Bezirk Wrocław: Gebäude II, III mit einem Raster von 0,785 m und ermittelte Baumodule. *Zeichnung T. Gralak, nach J. Kopiasz 2003, E. Bugaj, J. Kopiasz 2006*

Insgesamt waren die Abmessungen 4 x 10 Einheiten, d. h. 3,14 x 7,085 Meter, und die Fläche betrug 40 Quadrat-Einheiten oder 24,649 m². Durch den rekonstruierten Bauplan lässt sich leicht erkennen, dass es sich bei diesen Gebäuden nur um eine Erweiterung der Sechs-Pfahlbauten durch das Hinzufügen eines weiteren rechteckigen Moduls handelt (Abb. 2). Ein ähnliches Bauwerk, Nr. 38, wurde in Milejowice gefunden (Abb. 4). Auf dieser Ausgrabungsstätte wurden auch Acht-Pfahlbauten entdeckt (103, 104) (Bugaj, Kopiasz 2006, Abb. 4, 10), die jedoch aus drei quadratischen Modulen bestanden (Abb. 4). In Stary Śleszów wurden zwei Gebäude mit acht Pfählen entdeckt (Kopiasz 2003, Abb. 6) (Abb. 4). Die Gebäude II und III bestanden aus quadratischen Modulen.

In Wojkowice gab es zwei Siedlungsgebiete (Gralak 2010, S. 206-208). Beim ersten Siedlungsgebiet wurde festgestellt, dass sich einige der Gebäude innerhalb eines regelmäßigen Rechtecks befanden. Es wird angenommen, dass eine solche Anordnung der Umsetzung eines spezifischen Plans geschuldet war. Die Analyse der Messungen zeigte, dass die Gebäude innerhalb eines Quadrats angeordnet waren, das die Abmessungen von 48 x 48 Einheiten, das entspricht in etwa der Größe 37,68 Meter x 37,68 Meter, aufwies (Abb. 5A). Die Gesamtfläche betrug 2304 Quadrat-Einheiten, also 1419,7824 m². Unter Berücksichtigung der Proportionen scheint es so, dass die betreffende Begrenzung (Einfriedung) der Siedlung in Form eines Quadrats mit der Seitenlänge von 12 x 12 Einheiten, d. h. 9,42 Meter x 9,42 Meter, was 144 Quadrat-Einheiten oder 88,7364 m² entspricht, angelegt war. Am besten sichtbar ist das an der nördlichen und an der südlichen Ecke dieses Quadrats: Im ersten Fall wurde ein Graben angelegt, der 24 Einheiten lang war und sich genau in der Mitte der Außenbegrenzung befand. An der zweiten, gegenüberliegenden Ecke befanden sich Gebäudereste, deren Wandlängen kürzer waren. Es ist anzunehmen, dass zu der Zeit, als diese Siedlung bewohnt war, die Ausrichtung der Gräben als auch die Anhäufungen höchstwahrscheinlich deutlich sichtbar waren. Im Inneren der Siedlung gab es auch eine unbebaute Zone. Das Ganze war ein Quadrat mit einer Seitenlänge von 4 x 4 Modulen. Die vorgeschlagene Rekonstruktion erscheint so auf der Grundlage der Analogie mit anderen Stätten denkbar, auch wenn hier nur ein kurzer Abschnitt von Gräben gefunden wurde.

Siedlung Stary Ślesców 17

Eine ähnliche Konzentration von Gebäuden entlang einer Palisadenwand und einer unbebauten zentralen Zone weist die Siedlung Stary Ślesców 17, Bezirk Wrocław (Kopiasz 2003, S. 110-112, Abb. 4) auf. Messungen und Analysen zeigen, dass diese Siedlung in Form eines Rechtecks, bestehend aus quadratischen Modulen von 12 x 12 Einheiten, errichtet wurde (Abb. 5B). Heute ist nur noch die Südseite der Einfriedung auszumachen. Die rekonstruierte Länge beträgt 72 Einheiten, d. h. 56,52 Meter. Nimmt man an, dass es sich auch hier um ein regelmäßiges Quadrat mit der Seitenlänge von 72 x 72 Einheiten (6 x 6 Modulen) handelt, würde seine Fläche 5184 Quadrat-Einheiten betragen.

Die Anlage der Siedlung begann vermutlich mit der Festlegung eines zentral gelegenen Platzes mit einer Seitenlänge von 12 x 12 Einheiten. Seine Ecken waren Mittelpunkte von Kreisen mit 60 Einheiten im Durchmesser. Ihr Verlauf markierte die Anordnung der Palisade. Auch in diesem Fall, wie in Wojkowice, ist eine klare Grenze (Palisade) nur noch zum Teil wahrnehmbar. Das ist wahrscheinlich nicht auf den Erhaltungszustand der ursprünglichen Einfriedung zurückzuführen, sondern lag in der Absicht seiner Erbauer. Es scheint, dass die Siedlung einen rechteckigen Grundriss hatte, die Einfriedung aber runde Ecken aufwies.

Das Modul aus 12 x 12 Einheiten wurde vermutlich auch deshalb verwendet, weil seine Gestalt aus zwei rechtwinkligen Dreiecken gebildet werden konnte:

$$c^2 = a^2 + b^2$$
$$c^2 = 12^2 + 12^2$$
$$c^2 = 144 + 144$$
$$c = \sqrt{288}$$
$$c = 16{,}97$$

Es ist anzunehmen, dass als Länge der Hypotenuse die ganze Zahl 17 verwendet wurde. Diese leichte Ungenauigkeit hatte aber keinen großen Einfluss auf die Baupläne. Im Zusammenhang mit diesem Modul, scheint es auch wahrscheinlich, dass der Kern des Zählsystems die Zahl zwölf war. Dies wird ebenso durch die Seitenlänge des quadratischen Moduls in den Konstruktionen bestätigt, als auch durch die Tatsache, dass sich die Zahl zwölf durch vier teilen lässt und die Summe der Seiten des Dreiecks (3 + 4 + 5) darstellt, das verwendet wurde, um den rechten Winkel zu bestimmen.

Weitere Siedlungen in Schlesien: Milejowice und Zabrodzie

In Schlesien sind noch zwei ähnlich gestaltete Siedlungen bekannt. In Milejowice wurden drei Beispiele gefunden, deren Umrisse durch Palisaden oder Gräben begrenzt wurden. Alle waren von einem (mehr oder weniger wahrnehmbaren) rechteckigen Grundriss mit abgerundeten Ecken gekennzeichnet (Bugaj, Kopiasz 2006, S. 184, 185, Abb. 4, 5). Außerhalb gab es aber auch noch Siedlungen mit unregelmäßiger Gestalt, alle hatten jedoch einen zentralen unbebauten Platz.

Die nächste Siedlung, wo eine Palisade nachgewiesen werden konnte, ist der Ort Zabrodzie im Bezirk Wrocław. Hier fand man die Form eines unregelmäßigen Ovals. Es könnte jedoch sein, dass die ganze Siedlung innerhalb eines Rechtecks entworfen wurde. Im Inneren fand man Überreste eines Pfahlhauses, dessen kürzere Wände nach innen gerichtet waren (Baron, Golański, Schellner 2011, S. 344-345, Abb. 3, 4).

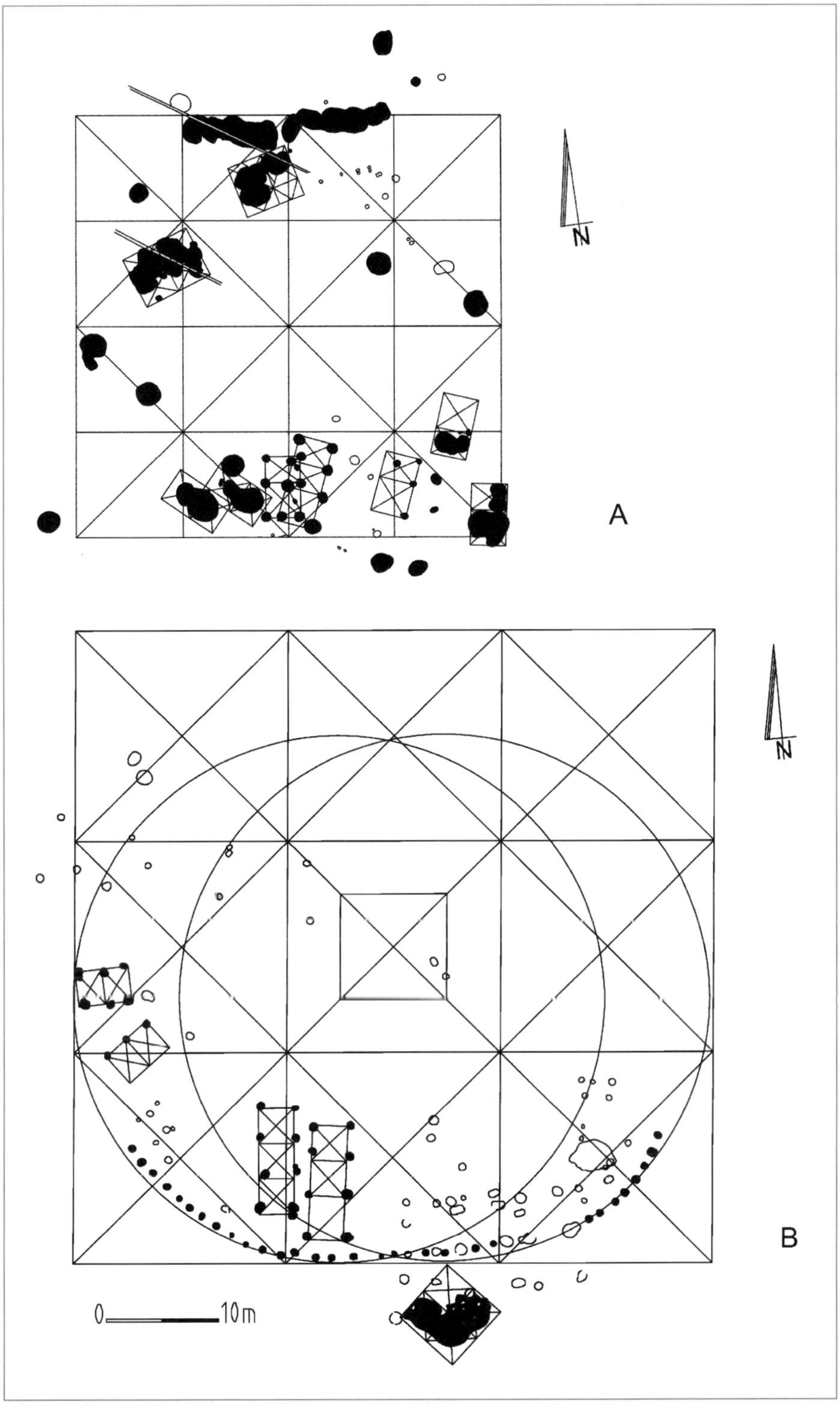

Abb. 5: A – Wojkowice 15, Bezirk Wrocław, Siedlungsplan mit einem Raster von 12x12 Einheiten. B – Stary Śleszów 17, Bezirk Wrocław, Siedlungsplan und Rekonstruktion der Konstruktionsmethode des Verlaufs der Palisade auf einer Zeichnung mit dem Raster von 24 x 24 Einheiten. Ein Raster besteht aus 4 Quadratmodulen - 12 x 12 Einheiten.
A *T. Gralak 2010*, B *Zeichnung T. Gralak nach J. Kopiasz 2003*

Annahme: Es gab einen Bauplan für die Siedlungen

Zusammenfassend lässt sich durch die durchgeführten Vergleiche feststellen, dass sich bei allen untersuchten Beispielen von Pfahlhäusern eine Übereinstimmung feststellen lässt. Mehr noch: Es kann angenommen werden, dass es ein „Layout", einen Bauplan für die Errichtung der Siedlungen gab. Die Gebäude wurden im Kreis um einen zentralen Platz angelegt, wobei die kürzere Hauswand in Richtung dieses Platzes wies. Die Siedlungen wurden von einer Palisade oder einem Graben in der Form eines Rechtecks mit abgerundeten Ecken umgeben. Bei bestimmten Ausgrabungsstätten kann man feststellen, dass dieser Plan in unterschiedlichem Maße umgesetzt wurde, was auch die Unterschiede zwischen ihnen erklärt.

Die große Übereinstimmung und Wiederholbarkeit der untersuchten Ausgrabungsstätten scheint nicht zufällig zu sein. Dieses Phänomen ist ein Charakteristikum des „Volk-Stils", typisch für traditionelle Gesellschaften. Der wichtigste Wert ist ein „Kanon", ein gemeinschaftlicher Wert, den die Einzelpersonen oder Gruppen in Varianten anwenden (Jackowski 1981, S. 190).

Vergleich mit Dekorationen auf Keramik

Ein anderer Weg, um die Ergebnisse der messtechnischen Analysen zu verifizieren, ist ein Vergleich der Dekoration auf Artefakten. Aufgrund der Natur der archäologischen Quellen bezieht sich dies auf die Keramik. Betrachtet man das Grundmuster eines Stils, sollten ähnliche Regeln für viele Aspekte der Kultur gelten (Hodder 1990, S. 45-51). Es wird dabei angenommen, dass die Dekoration auf den Keramiken eine Manifestation der Raumorganisation auf der Mikroebene ist. Wenn man voraussetzt, dass es einen bestimmten Stil gibt, dann sind strukturelle Ähnlichkeiten zwischen der Konstruktion von Gebäuden und der Dekoration von Keramik zu erwarten.

Die so genannte bemalte Keramik tauchte während der Hallstatt-C-Periode in Schlesien und Großpolen auf. Ihr Aussehen wird auch als ein Ausdruck des Einflusses der „Hallstatt- Kreise" angesehen (Alfawicka 1970; Gedl 1991, S. 140). Diese Keramik wurde zumeist in Gräbern gefunden (Brosseder 2004, S. 338 Łaciak 2010, S. 302), was einen stark spirituellen Charakter nachweist und zeigt, dass die Dekorationen darauf wichtige Bedeutungsträger waren.

Die gefundenen Gefäße sind mit geradlinigen geometrischen Mustern verziert, die oft modular (im Baukastenprinzip) angeordnet sind. Das wichtigste dekorative Motiv war das Dreieck. Es wurde in einer Reihe von Varianten, häufig als so genanntes „Schachbrett- Dreieck" verwendet (Alfawicka 1970, S. 36-37, Platten XVIIa, XIXa, Łaciak 2010, S. 305-308, Abb. 3, 4). Normalerweise trat dieses Motiv in Wiederholungen auf. Seltener sind Verzierungen in Form eines Rechtecks (Abb. 6).

Dieses reiche, eingeritzte Dekor ist auch an dünnwandigen, so genannten Graphit-Gefäßen gefunden worden. Gefäße dieser Art wurden in Gräbern (Gediga 2009, S. 125-126, Abb. 6) gefunden, waren aber auch Bestandteil der Alltagskultur in den Siedlungen. Bei den Funden aus Wojkowice befanden sich viele Schalen und Tassen mit sich wiederholenden Formen (Abb. 7). Es wird angenommen, dass diese Standardisierung und das reiche Dekor auf die Existenz von bestimmten Konsumgewohnheiten oder vielleicht auf den Einsatz bei einem Ritual zurückzuführen sind. Daher ist auch in diesem Fall anzunehmen, dass diese Artefakte häufig verwendet wurden und das Dekor eine spezifische Bedeutung hatte.

Bezeichnenderweise wurden diese Gefäße mit Mustern und Motiven verziert, die sich auch auf bemalter Keramik nachweisen lassen (Gralak 2010, S. 181-183, 186, 191). Diese

Abb. 6: Cieszków, Bezirk Milicz. Bemalte Keramik – ausgewählte Dekormuster. *Nach D. Łaciak 2009*

Konvergenz bestätigt die Annahme, dass hier ein bestimmter Dekorationsstil vorliegt, der durch verschiedene Techniken und verschiedene Mittel umgesetzt wurde. Ähnliche Gefäße und einige wenige Teile von bemalter Keramik wurden auch in der Siedlung in Milejowice gefunden, sie werden hier als „Prestige-Keramik" bezeichnet (Kopiasz 2008, S. 216-217).

Ähnlichkeiten zwischen Gebäudekonstruktion und Dekorationsstil auf Keramik

Zwischen der Konstruktion von Gebäuden und der Herstellung von Keramik sind viele Ähnlichkeiten festgestellt worden. Zunächst wird in beiden Fällen das modulare System verwendet. Es bildete die Grundlage sowohl für die Dekoration der Keramik als auch für die Anlage der Gebäude. In beiden Fällen spielte das Dreieck eine wichtige Rolle. Auf Keramik war es das häufigste Motiv. Dreiecke bildeten auch die Grundlage für den Entwurf von Gebäuden.

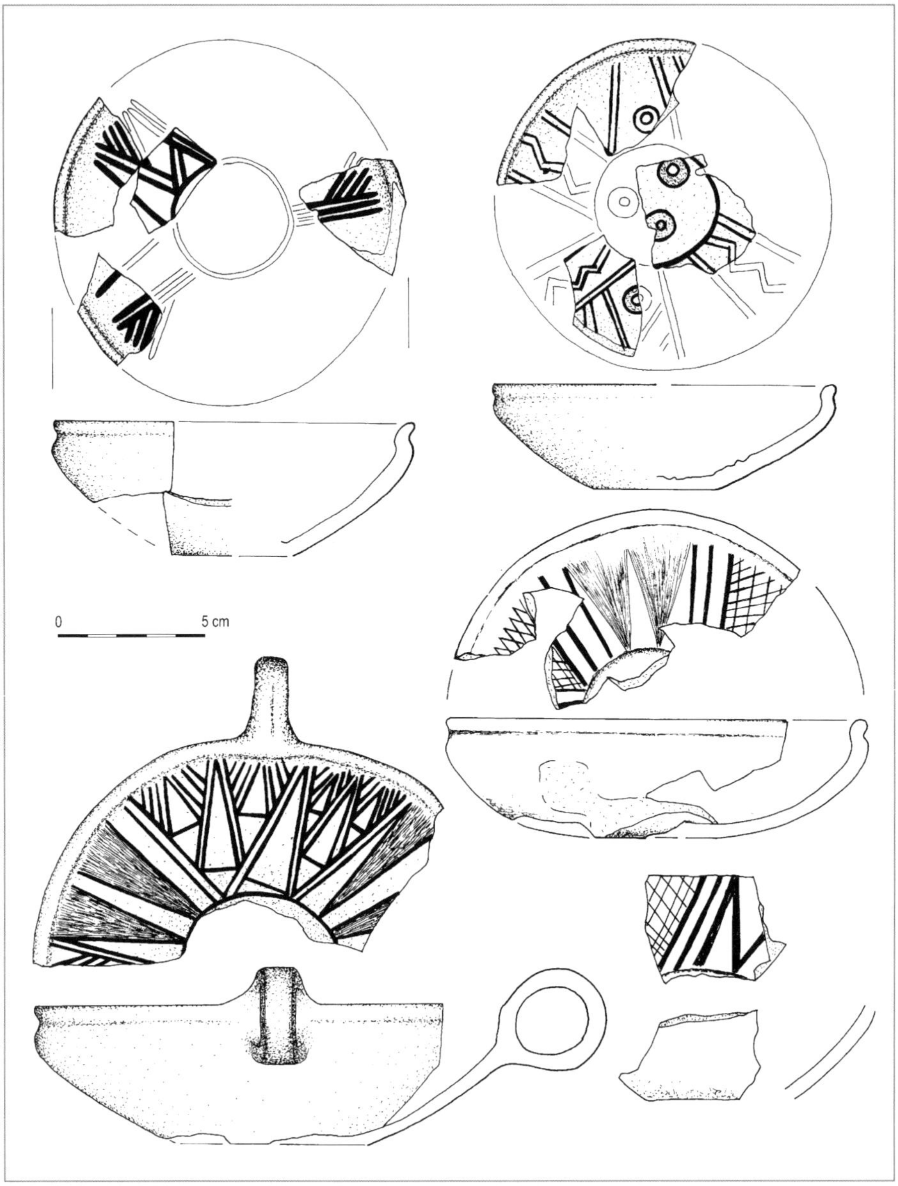

Abb. 7: Wojkowice 15, Bezirk Wrocław, Dünnwandige, sogenannte Graphit-Keramik. *Nach T. Gralak 2010*

Wie bereits erwähnt, wurden rechtwinklige Dreiecke verwendet, um den rechten Winkel eines rechteckigen Moduls zu bestimmen und um ein quadratisches und ein rechteckiges Modul zu verbinden. Es kann daher davon ausgegangen werden, dass auch beim Bauen das Dreieck den Kern der Raumorganisation bildete.

Der in Schlesien vorherrschende Dekorationsstil in der Hallstatt-C-Periode war Teil einer „kulturellen Welle“, die ihren Ursprung in Anatolien hatte. Dabei entstand ein „kulturelles Paket“, das u. a. Schmiedearbeiten, anthropomorphe Darstellungen, modulare geometrische Dekore und wahrscheinlich auch eine Ideologie, die dahinter stand, hervorbrachte (Bouzek 1997, 2008, S. 126, 133). Ganz ähnlich verzierte Keramiken sind bereits aus dem Kreis der Hallstatt-Kulturen bekannt (Bouzek 2008, S.135, Abb. 12.,

Brosseder 2004). Beachtet werden sollte, dass in der Hallstatt-C-Periode in Schlesien viele Güter aus anderen Orten des Hallstatt- Kreises importiert wurden, deren charakteristische Merkmale ein integraler Bestandteil dieser Kultur wurden (Gedl 1991; Jarysz 2008). Daher kann man annehmen, dass es sich bei Schlesien um eine regionale Provinz der Hallstatt-Kultur (Gediga 2009, S. 131-132) handelt.

Die Entstehung einer neuen Bauweise fällt mit der Verbreitung der Verwendung von Eisen zusammen. Dieses Material erlaubte eine genauere Holzverarbeitung und machte wahrscheinlich auch die Übernahme ausländischer Muster einfacher. Es ist anzunehmen, dass sich dieser neue Stil gemeinsam mit der Einführung neuer Werkzeuge und der Erhöhung der beruflichen Fertigkeiten der Zimmerleute entwickelte. Eine Reihe von Artefakten, die gefunden wurden, belegen dieses Phänomen. In Schlesien und Großpolen wurden zahlreiche Äxte aus der Hallstatt-C-Periode gefunden, die als Werkzeuge oder Waffen verwendet wurden (Gedl 1991, S. 29-30). Bezeichnenderweise stammen die frühesten Funde solcher aus Bronze gefertigten Äxte aus dem Nahen Osten und tauchen in Griechenland in der späthelladischen Zeit auf. Solche Funde gab es auch in Italien, Iberien und Großbritannien.

Die jüngeren, aus Eisen gefertigten Exemplare verbreiteten sich im Gebiet des Hallstatt-Kreises (Bouzek 1997, S. 105-106, Abb. 100-102, Derrix 2001, S. 45-49, Abb. 13-14). Ihre Zunahme geht einher mit der Ausbreitung des geometrischen Stils. Eine andere Art von Werkzeug ist eine eiserne Axt mit einem rechteckigen Schaft – ähnliche Funde sind aus dem oberen und mittleren Donauraum bekannt (Gedl 1991, S. 31-33, Derrix 2001, S. 51-53, Abb. 16). Daneben gibt es Meißel mit einer Fassung aus Eisen (Gedl 1991, S. 33-34; Derrix 2001, S. 72-75, Abb. 35). Die Verwendung von Holz im Bauwesen zwingt so in einem gewissen Maße dazu, rechteckige und modulare Designs zu verwenden. Das geschieht auch deshalb, weil man längliche Komponenten in sich wiederholbaren Größen benutzt (Tobolczyk 2000, S. 102). Dieses Phänomen kann auch der Grund für die einfache Anpassung der neuen Muster sein.

Literatur

Alfawicka, S. (1970) Ceramika malowana okresu halsztackiego w Polsce. Wrocław-Warszawa-Kraków

Baron, J., Golański, A., Schellner, K. (2011) Problems of interpretation of early Iron Age fenced settlements. A case study of site 8 from Zabrodzie, Wrocław district, Sprawozdania Archeologiczne 63, 319-356.

Bouzek, J. (1997) Greece, Anatolia and Europe: cultural interrelations during the early iron age, Studies in Mediterranean Archaeology CXXII.

(2008) Koine of Early Iron Age Geometric styles, in: Gediga B., Piotrowski W., (eds.) Sztuka pradziejowa i wczesnośredniowieczna, jako źródło historyczne, 125-138. Biskupin-Wrocław.

Brosseder, U. (2004) Studien zur Ornamentik hallstattzeitlicher Keramik zwischen Rhônetal und Karpatenbecken, Universitätsforschungen zur prähistorischen Archäologie 106.

Bugaj, E., Kopiasz, J. (2006) Próba interpretacji zabudowy osady z wczesnej epoki żelaza na stanowisku Milejowice 19, pow. wrocławski, in: B. Gediga, W. Piotrowski (eds.), Architektura i budownictwo epoki brązu i wczesnych okresów epoki żelaza w Europie Środkowej Problemy rekonstrukcji, 175-207. Biskupin-Wrocław.

Derrix, C. (2001) Frühe Eisenfunde im Odergebiet. Studien zur Hallstattzeit in Mitteleuropa, Universitätsforschungen zur prähistorischen Archäologie 74.

Gediga, B. (2009) Refleksje o problematyce badań nad dziejami społeczeństw tarnobrzeskiej kultury łużyckiej, in S. Czopek, K. Trybała-Zawiślak (eds). Tarnobrzeska kultura łużycka – źródła i interpretacje, 119-137. Rzeszów.

(2010) Śląsk – regionalna prowincja kultury halsztackiej, in: B. Gediga, W. Piotrowski (eds.) Rola głównych centrów kulturowych w kształtowaniu oblicza kulturowego Europy Środkowej we wczesnych okresach epoki żelaza, 187-218. Biskupin-Wrocław.

Gedl, M. (1973) Cmentarzysko halsztackie w Kietrzu, pow. Głubczyce. Wrocław.

(1991): Die Hallstatteinflüsse auf die polnischen Gebieten in der Früheisenzeit, Prace Archeologiczne 48.

Gralak, T. (2009) O możliwościach rozpoznania pradziejowych jednostek miary długości na podstawie szerokopłaszczyznowych badań wykopaliskowych, Przegląd Archeologiczny, 57, 73-97.

(2010) Osadnictwo ludności kultury łużyckiej ze stanowiska Wojkowice 15, gm. Żórawina, pow. Wrocław, Archeologiczne Zeszyty Autostradowe 10, part VIII, 7-260.

Hodder, I. (1990) Style as historical quality, in: M. Conkey, Ch. Hastrof (eds.) The uses of style in archaeology, 44-51. Cambridge.

Jackowski, A. (1981) Sztuka ludowa, in Etnografia Polski przemiany kultury ludowej, 189-243. Wrocław-Warszawa-Kraków-Gdańsk-Łódź.

Jarysz, R. (2008) Oddziaływania kręgu halsztackiego we wczesnej epoce żelaza w Polsce południowo-zachodniej, in A. Błażejewski (ed.) Labor et patientia. Studia Archaeologica Stanislao Pazda Dedicata, 45-60. Wrocław.

Kopiasz, J. (2003) Osada kultury łużyckiej na wielokulturowym stanowisku Stary Śleszów 17, powiat Wrocław, in: B. Gediga (ed.), Archeologiczne Zeszyty Autostradowe, 2, Badania na autostradzie A4, part I, 101-225.

(2008) Ceramika „prestiżowa" jako wyraz struktury społecznej mieszkańców osady z okresu halsztackiego w Milejowicach, pow. Wrocław, in B. Gediga, W. Piotrowski (eds), Sztuka pradziejowa i wczesnośredniowieczna jako źródło historyczne, 211-228. Biskupin-Wrocław.

Kula, W. (2004) Miary i ludzie. Warszawa.

Łaciak, D. (2009) Społeczno-kulturowe konteksty wytwórczości ceramiki malowanej u ludności wczesnej epoki żelaza w strefie nadodrzańskiej. PhD dissertation typescript available at the Institute of Archaeology, University of Wroclaw.

(2010) Nadodrzańska strefa ceramiki malowanej z wczesnej epoki żelaza w świetle oddziaływań kulturowych, in B. Gediga, W. Piotrowski (eds) Rola głównych centrów kulturowych w kształtowaniu oblicza kulturowego Europy Środkowej we wczesnych okresach epoki żelaza, 99-115. Biskupin-Wrocław.

Randsborg, K. (2011) Bronze age measures, Aegean, European and Nordic. Acta Archaeologica 82, 2011, 181-202.

Rybakov, B. A. (1949) Russkije sistemy mer dliny XI –XV vekow. Iz istorii narodnych znanii. Sovietskaja Etnografija, 1, 1949, 67-91.

Nachhaltigkeitsverständnis am Beispiel der Forstwirtschaft: Die mitteleuropäische Zivilisation der Lausitzer Kultur auf fast moderner Grundlage

Dr. Klaus Goldmann

Die Waldnutzung in ur- und frühgeschichtlicher Zeit ist ein Thema, das in den letzten Jahrzehnten selten einmal aufgegriffen, schon gar nicht aber systematisch bearbeitet wurde. Diese Feststellung muss schon deshalb sehr verblüffen, weil die Waldnutzung in Europas Frühzeit eine Kernfrage der Geschichtsforschung sein sollte. Es geht dabei nicht nur um die Berechnung des möglichen Angebots an leckerem Bambi-Filet aus den heimischen Waldungen für das Gastmahl der oberen Klassen, nicht nur um die Waldweide als bäuerlichem Nebenerwerb – mit waldzerstörender Wirkung –, nicht nur um das Brennmaterial für den heimischen Herd, die Brandbestattung oder das Osterfeuer. Das Holz war unbestreitbar ein Rohstoff, der als Energieträger und Baumaterial für Häuser, Tempel, Kirchen, technische Bauten, Befestigungen und den Hafen-, Schiff- und Schleusenbau das Fundament der materiellen Produktion aller vorindustriellen Gesellschaften in Europa war: „Wo es an Holz mangelte, konnten sich die Menschen nicht mehr hinreichend wärmen, konnten sie keine Häuser und Werkstätten bauen, keine Metalle schmelzen, kein Salz sieden, kein Brot backen und kein Bier brauen. Wo Holz knapp wurde, drohten die Gewerbe zu stocken, die Bergwerke zu zerfallen und die Untertanen ins Elend zu geraten" (Gleitsmann, 1985, S. 489). Deshalb hatten große Regionen im mittleren und nördlichen Europa schon seit Jahrtausenden eine vielseitig nutzbare natürliche Grundlage zivilisatorischer Betätigung ihrer Bewohner, anders als in südlicheren Bereichen des Kontinents, wo z. B. dieser Holzreichtum fehlte oder schon sehr früh durch Raubbau verloren ging, was übrigens auch weiträumig besonders in Bergbaugebieten während der Bronzezeit für Mitteleuropa nachweisbar ist.

Holz – wichtig für die moderne und alteuropäische Volkswirtschaft

Holz ist bis heute wichtig in der modernen Volkswirtschaft, war aber noch ungleich bedeutender für die alteuropäische Volkswirtschaft. Der Begriff „Volkswirtschaft" wird hier bewusst auch für die Zeitspanne verwendet, die man heute meist für Mitteleuropa als „ur- und frühgeschichtliche Epoche" bezeichnet – für die Jüngere Bronze- und Frühe Eisenzeit müssen wir auch in Mittel- und Nordeuropa mit staatlichen Gesellschaftsordnungen rechnen, die vermutlich aber in frühen Strukturen hier auch schon in der Jüngeren Steinzeit bestanden.

Inhaltlich wird man den vorstehenden Feststellungen generell sicher zustimmen, aber aus zwei Gründen ihre Bedeutung für die ur- und frühgeschichtliche Zeit in Mitteleuropa in Frage stellen. Erstens besteht ein merkwürdigerweise weitgehend unbestrittener Grundkonsens in den historischen Wissenschaften, wonach „Germanien", das weitgehend mit Mitteleuropa gleichzusetzen ist, bis um die erste Jahrtausendwende nach Christi Geburt von unermesslichen Urwäldern und Sümpfen bedeckt war. Dieses „Wissen" wurde durch Generationen von Latein-Lehrern an gelehrige Schüler weitergegeben. So galt es lange auch als sicher, dass diese Urwälder sich zwar, vorwiegend in Folge klimatischer Einflussgrößen, seit dem Ende der Eiszeit in ihrem Artenbestand ständig änderten, aber doch für die (so die offensichtlich ebenfalls falsche Annahme) „wenigen" damals in Mitteleuropa lebenden Menschen eine Ressource darstellten, die zu allen Zeiten jeden Bedarf befriedigen konnte. Diese Hypothese kann aber für lange Zeiträume, auch in vorchristlicher Zeit, nicht zutreffen. Die Reserven der Natur sind offenbar auch in Europas Frühzeit nicht immer und nicht überall für seine Bewohner im Überfluss verfügbar gewesen, weder die Produkte des Waldes, noch das Wasser, noch die Erträge bäuerlichen Fleißes:

Getreide und Vieh. Zum Zweiten ist anscheinend bei manchen Prähistorikern auch eine Denkblockade festzustellen, wenn es um die Beurteilung der Geschichte der eigenen Vorfahren und nicht um die fremder Völker geht: Den mitteleuropäischen Altvorderen aus „vor- und frühgeschichtlicher Zeit" traut man höchstens die kurzfristige Planung ihres Lebensumfelds zu, etwa den Bau eines Hauses, das man vielleicht für eine Generation nutzen kann, oder eine Landwirtschaft, die möglicherweise als Dreifelderwirtschaft im Drei-Jahres-Rhythmus ausgeübt wird. Planmäßig vorgenommene, langfristig wirksame und überregional bedeutende Beeinflussungen des Lebensraumes, beispielsweise durch Wasserbauten, insbesondere Deichbau an den Flüssen oder Meeren und systematischer Bergbau gelten bisher weitgehend nur als Charakteristika früher Zivilisationen in südlicheren Regionen, etwa an den Gestaden des Mittelmeeres, im Zweistromland an Euphrat und Tigris, am Nil in Ägypten oder gar im Fernen Osten mit seinem Reisanbau, der Terrassenbau und ständige Wasserhaltung voraussetzte. Nachhaltige Forstwirtschaft wurde für diese frühen Epochen bisher nirgends in Betracht gezogen. Planmäßige Veränderungen des Lebensraums und damit Einflussnahme auf die Naturlandschaft setzen – zu Recht – das Bestehen einer gewissen staatlichen Organisation voraus (Herzog, 1988), die im Weltbild vorwiegend auf klassisch-lateinischer Grundlage erzogener Bürger keinen Platz hat für die „primitiven" Bewohner des frühen Mitteleuropa. Die Fähigkeit, eine effektive staatliche Organisation zu verwirklichen, hätten demnach wohl erst die Kolonisatoren aus dem Westen gehabt, als sie nach einem über Jahrhunderte geführten Glaubenskrieg dem zum römischen Christentum bekehrten Land östlich der Elbe seit dem frühen Mittelalter ein neues Gepräge gaben.

Forstwirtschaft mit dem Ziel der Nachhaltigkeit

Dieser Vorspruch zu den folgenden ökonomischen Ausführungen scheint erforderlich, weil die geregelte Forstwirtschaft, die eine ordentliche und kontinuierliche Waldpflege mit dem Ziel der Nachhaltigkeit beinhaltet, erst seit etwa 400 Jahren, und dann als wissenschaftlich begründete Disziplin, in Mitteleuropa bekannt geworden sei. Nach deren Grundsatz „darf dem Wald nicht mehr Holz entnommen werden, als nachwächst. So sollen Dauer, Stetigkeit und Gleichmaß der Holzerträge gewahrt bleiben. ... Von allen Nutzpflanzen, die der Mensch anbaut, benötigen die Waldbäume die längste Wachstumszeit bis zu ihrer Nutzung. Sie schwankt zwischen 50 und mehreren Hundert Jahren. Waldwirtschaft erfordert deshalb vor allem ein langfristiges Planen und ein nachhaltiges Wirtschaften" (CMA, 1994, S.6). Forst und Wald sind zwei verschiedene Begriffe. Wald nennt man jede mit Holz bestandene größere Fläche, unter Forst versteht man einen nach gewissen Regeln bewirtschafteten Wald. So gibt es Urwälder, aber keine Urforsten. Schon um 800 n. Chr. war der Forst in mittelhochdeutscher Sprache als bewirtschafteter Wald, Staatswald verstanden (Etymologisches Wörterbuch, 1989, S. 465). Dies spricht für eine sehr alte Tradition der Forstwirtschaft in Mitteleuropa. Der Forst ist zugleich auch ein „dem König zu Jagd, Rodung und Holzschlag vorbehaltener Wald", also ein Königswald. Diese „Königs"-Namen wurden auch in Preußen verwendet, so auch für die „Königsstraßen" oder „Königswege", lange bevor im Jahre 1701 Friedrich III., Kurfürst von Brandenburg, als Friedrich I., König in Preußen, den Thron bestieg. Die Namen bezeichnen demnach Begriffe, die als Rechtstradition gebräuchlich waren.

Wie weit die Forstwirtschaft in die alteuropäische Frühzeit reicht, wird erst eine künftige Forschung wirklich beantworten können. Hier sollen nur Befunde vorgestellt werden, die am ehesten mit dem Bestehen von Forsten in urgeschichtlicher Zeit in Mitteleuropa zu erklären sind: Sie umfassen Nordwestdeutschland und die nordmitteleuropäische Tiefebene in der Zeit zwischen dem 3. Jahrtausend vor Christus und dem frühen Mittelalter, mit einem bisher belegbaren Schwerpunkt im 8. Jahrhundert vor Christus.

Jutta Meurers-Balke (1992, S. 119-146) hat für die Mitte des 3. Jahrtausends im Rahmen ihrer palynologischen (pollenkundliche, Anm. d. Red.) Untersuchungen zum neolithischen Bohlenweg VII im Großen Moor an Dümmer wichtige Aussagen zur Waldgeschichte getroffen, die hier nur kurz referiert werden sollen: Danach wurden bereits in der Zeit des Subboreals (Endneolithikum und Bronzezeit) die Wälder durch Wirtschaftsmaßnahmen des Menschen nachhaltig in ihrem Artengefüge verändert. Sie begründet dies mit der Beobachtung, dass die in den Torfproben beobachtete Zusammensetzung der Pollen nicht der Erwartung entspricht, die sich aus einem potenziellen Vorkommen nicht vom Menschen beeinflusster Wälder ergibt. Besonders hervorgehoben wird, dass die Haselnuss dabei überrepräsentiert ist. Aus dem geringen Auftreten von Kraut- und Gräserpollen ist zu schließen, dass es Waldsäume am Rand großer waldfreier Flächen dort eher selten gab. So dürfte der natürliche lindenreiche Eichen-Mischwald, der ein dichtes Kronendach aufweisen würde, so weit durch den siedelnden Menschen aufgelichtet gewesen sein, dass die Hasel gute Wuchsbedingungen vorfand. Eine solche Auflichtung ist dann ein forstwirtschaftlicher Eingriff, wenn er bewusst vorgenommen wurde, um den Wald besser im Wirtschaftssystem der Siedlungsgemeinschaft nutzen zu können, nicht aber, wenn die Auflichtungen nur ein Ergebnis der Entnahme geeigneten Bau- und Brennholzes waren. Immerhin bleibt die Feststellung von hervorragender Bedeutung, wonach das natürliche Artenspektrum des Waldes wenigstens im Untersuchungsgebiet schon in der Jüngeren Steinzeit Mitteleuropas nachweisbar vom Menschen beeinflusst wurde. Dies lässt die Frage aufkommen: Können wir in historischer Zeit – die im Selbstverständnis eines Prähistorikers bis in das Neolithikum zurückreicht – in den von Menschen besiedelten Regionen Mitteleuropas überhaupt mit einer „natürlichen Waldvegetation" rechnen, oder ist vielleicht bis auf mehr oder weniger unwirtliche Gebirgszonen aller Wald seit mehr als fünf Jahrtausenden anthropogen beeinflusst?

Wehrsiedlung der späten Lausitzer Kultur in Biskupin

Analoge Probleme und gewiss auch eine erste Antwort auf die gestellten Fragen liefern archäologische Funde und Befunde aus dem achten vorchristlichen Jahrhundert. In Biskupin, Kreis Znin, unweit Gnesen in Polen gelegen, konnte seit 1934 die vielleicht besterhaltene Wehrsiedlung der späten Lausitzer Kultur ausgegraben werden. Sie lag ursprünglich auf einer Insel und geriet kurz nach ihrer Aufgabe unter Wasser. Deshalb ist nahezu die gesamte Holzkonstruktion der Anlage – Wellenbrecher bzw. äußerer Palisadenring, die Holz-Erde-Mauer der Befestigung, die unteren Lagen der Hauser und die Bohlenwege in der Siedlung – erhalten geblieben. Dieser bisher in Mitteleuropa für diese frühe Phase der Geschichte einzigartige Befund erlaubt eine gegenüber allen

Menge	Länge	Durchmesser	
1	6.00 m	0,20 m	(Dachfirstbalken)
1	3.50 m	0,20 m	(Dachfirstbalken)
28	6.50 m	0,20 m	(Sparren)
28	8.00 m	0,20 m	(Sparren)
12	3.50 m	30-50 cm	(Hauptständer)
3	7.50 m	30-50 cm	(Ständer)
240	3.35 m	0,30 m	(Füllung)
73	9.00 m	0,40 m	(Pfetten)
120	3.35 m	0,20 m	(Fußbodenbelag)

Tab. 1: Zur Rekonstruktion der Häuser von Biskupin

Abb. 1: Luftaufnahme der Vorkriegsausgrabungen in Biskupin (Piotrowski, 1985; S.13)

vergleichbaren Anlagen bessere und nahezu exakte Berechnung des dort verarbeiteten Bauholzes: Nicht nur über die Hochrechnung kleiner Flächenbefunde, sondern auf Grund der Ausgrabung von mehr als zwei Dritteln der ursprünglichen Siedlung! Die für den Bau eines Hauses benötigten Holzmengen und -qualitäten zeigt die Tabelle 1 (Reynolds, 1985, S. 32-37). Für alle Häuser der Siedlung wurden demnach wenigstens 27.300 Baumstämme benötigt. Für alle Konstruktionen, die im Luftbild erkennbar sind (Abb. 1) ist eine Zahl von mehr als 82.000 Eichenstämmen ermittelt worden, die zwei Größenstufen angehören: solchen mit dem Durchmesser von 20 bis 30 Zentimetern und stärkeren mit 30 bis 50 Zentimetern Durchmesser. Diese Menge entspricht ungefähr 130.000 m^3.

In der Bundesrepublik Deutschland wurden, einschließlich der neuen Länder, im Jahre 1992 973.000 m^3 Eiche eingeschlagen (ZMP, 1992, Tabelle 8). Die in Biskupin verbaute Menge würde also weit mehr als zehn Prozent des Jahreseinschlags auf 356.560 km^2 ausmachen, der heutigen Fläche Deutschlands. Ist diese, auch für eine moderne Forstwirtschaft schwer in einer Region einzuschlagende Bauholzmenge, die zudem, wie die neuen Dendrodaten zeigen (Wazny, 1994, S. 283-289, Piotrowski, 1995, S.89-99), innerhalb nur weniger Jahre geschlagen, an die Baustelle gebracht und verarbeitet wurde, aus einem natürlichen Mischwald, also einem „Urwald" zu gewinnen?

In Deutschland gibt es keine größeren Urwaldflächen, die man zum Vergleich heranziehen könnte, um diese Frage zu beantworten. Zur Ermittlung des Holzangebots eines Waldes, der sehr lange naturbelassen wurde, werden deshalb die detaillierten Untersuchungen verwendet, die von Eduard Prusa (1985) zu mährischen Urwäldern vorgelegt worden sind. Vergleichbar mit den natürlichen Bedingungen der Landschaft Paluki, in der Biskupin liegt, ist der mährische Urwald Lanzhot am Zusammenfluss von March und Thaya, in etwa 155 Metern über der Meereshöhe gelegen. Dieser ist der Rest eines alten mitteleuropäischen Auenurwaldes und umfasst eine Fläche von 33,49 Hektar. Sowohl im Bodensubstrat als auch in der durchschnittlichen Jahresniederschlagsmenge, sogar in der mittleren Jahrestemperatur, erscheint er vergleichbar. Die in Biskupin verwendeten

Eichenstämme entsprechen in Lanzhot den vermessenen Durchmesserklassen 2 bis 5 (2: 15 - 24 cm, 3: 25 - 34 cm, 4: 35 - 44 cm; 5: 45 - 54 cm). Die Tabelle 2 (Prusa, 1985, S. 69) zeigt, dass der Lanzhoter Urwald 510 Eichen der entsprechenden Durchmesser enthält, die auf einer Fläche von 33,49 Hektar gefällt werden könnten, also 15,23 Eichen pro Hektar. Dies bedeutet, dass die Holzfäller einen Urwald von 5384 Hektar, also mehr als 50 km^2 benötigt hätten, um das Bauholz für Biskupin schlagen zu können. Bedenkt man dabei jedoch, dass damit für die nächsten zwei Generationen der „Nachwuchs“ auf der ganzen Fläche verloren gegangen wäre, und bei Auswahl nur des geradwüchsigen Bauholzes – dessen ausschließliche Nutzung der archäologische Befund ausweist – sicher kaum jeder dritte Baum des „Urwaldes“ für die Baumeister geeignet gewesen wäre, vermehrt sich das notwendige Areal für die Bauholzentnahme leicht auf 150 km^2. Auch ist zu berücksichtigen, dass in der Region Paluki zeitgleich andere in derselben Art wie Biskupin gebaute Wehrsiedlungen bestanden, so Sobiejuchi und Izdebno, die wegen ihrer Größe gegenüber Biskupin ein Vielfaches der dort verbrauchten Bauholzmenge erforderten (Abb. 1 u. 2). In all diese Überlegungen ist der damals nur durch Holz zu deckende Bedarf der zahlreichen offenen Siedlungen der gleichen Zeit im gleichen Gebiet noch nicht einbezogen.

Durch-messer-klasse	Holzart, Stammzahl Ei	Esch	Ul	Feh	Hbu	Li	Pa	Er	Bi	Ap	Nu	Ka	Insges.
1	18	140	74	410	222	21	1	6	3	-	-	-	895
2	96	179	117	624	244	44	2	11	16	1	-	-	1342
3	154	204	81	494	249	62	2	6	20	2	8	-	1275
4	128	320	66	334	245	73	1	3	9	1	1	-	1180
5	132	339	48	163	190	57	2	11	4	-	-	-	946
6	58	211	45	65	177	36	-	6	3	-	-	-	601
7	37	129	29	19	60	20	-	3	-	-	-	1	298
8	18	84	10	8	21	8	2	1	-	-	-	-	152
9	23	53	10	2	3	3	4	-	-	-	-	-	98
10	7	20	4	-	2	-	2	-	-	-	-	-	35
11	16	13	2	-	-	1	4	-	-	-	-	-	36
12	29	8	1	-	-	-	3	-	-	-	-	-	41
13	25	5	2	-	-	-	1	-	-	-	-	-	33
14	31	3	-	-	-	-	1	-	-	-	-	-	35
15	18	3	-	-	-	1	-	-	-	-	-	-	22
16	29	-	-	-	-	-	1	-	-	-	-	-	30
17	7	-		-	-	-	-	-	-	-	-	-	7
18	3	-	-	-	-	-	-	-	-	-	-	-	3
19	8	-	-	-	-	-	-	-	-	-	-	-	8
20	5	-	-	-	-	-	-	-	-	-	-	-	5
Insges.	842	1711	489	2119	1413	326	26	47	55	4	9	1	7042
%	12,0	24,3	6,9	30,1	20,1	4,6	0,4	0,7	0,8	0,1	0,1		100,00

Ei - Eiche, Esch - Esche, Ul - Ulme, Fah - Feldahorn, Hbu - Hainbuche, Li - Linde, Pa - Papel, Er - Erle, Bi - Birnbaum, Ap - Apfelbaum, Nu - Nußbaum, Ka - Roßkastanie

Tab. 2: Waldnutzung in Alteuropa – Zeugnis früherer Forstwirtschaft – Zahl der lebenden Bäume nach Holzart und Durchmesserklassen im Urwald Lanzhot (Prusa, 1985, S. 69), Holzbedarf für den Bau eines Hauses in Biskupin (Reynolds, 1985, S.36)

Bohlenwege als einheitliche Baumaßnahme

Ein den Befunden von Biskupin entsprechendes Beispiel liefern die mit Biskupin etwa zeitgleich angelegten Holzstraßen durch die Moore Nordwest-Deutschlands. Burghart Schmidt konnte durch dendro-chronologische Kennwerte den zwischen 719 und 712 erfolgten Bau dreier Bohlenwege (IX, XII, XXI), die bis zu 30 Kilometer voneinander entfernt liegen, als eine einheitliche Baumaßnahme bestimmen. Für diese fanden zudem noch Hölzer eines einheitlichen Baumkollektivs Verwendung, also Eichen von einem gleichen Standort (Burghart, 1992, S. 147-159). Der längste Bohlenweg aus dieser Gruppe, XII (Ip), stammt aus dem Jahre 712 v. Chr. Der Unterbau bestand aus zwei bis drei Reihen parallel verlegter Langhölzer. Diese hat Hajo Hayen (1985, S. 38) bereits wegen ihres schlanken Wuchses und ihrer weitgehend gleichen Länge als Material interpretiert, das als Vorwuchs in einem Forst geschlagen wurde. Für den Oberbau verwendete man Eichenbohlen, zu denen die Bäume in den Jahren 714 und 713 v. Chr. an einem Standort auf der hohen Geest gefällt wurden. Man spaltete sie in saftfrischem Zustand und begann mit dem Bau der Straße erst, als alles Material bereit lag, im Jahre 712 v. Chr. Die Ausführung der Arbeiten war so akkurat, dass mit Spezialeinheiten, etwa dem Einsatz von Pionierbataillonen gerechnet werden kann. Für den Bau der genannten drei Bohlenwege wurden überschlagsmäßig 7500 Eichen benötigt. Um in Brandenburg die Schleusen des Friedrich-Wilhelm-Kanals zwischen Oder und Spree (1662-1668) bauen zu können, waren 5000 Eichenstämme erforderlich (Uhlemann, 1987, S. 76). Sie konnten damals vom Großen Kurfürsten nur unter Anordnung „militärischer Exekution“ beschafft werden, zum Teil aus Wäldern, die über 50 Kilometer vom Bauplatz entfernt lagen. Wie haben die Baumeister der Bohlenwege ihr doch etwas größeres Problem im 8. Jahrhundert v. Chr. gemeistert?

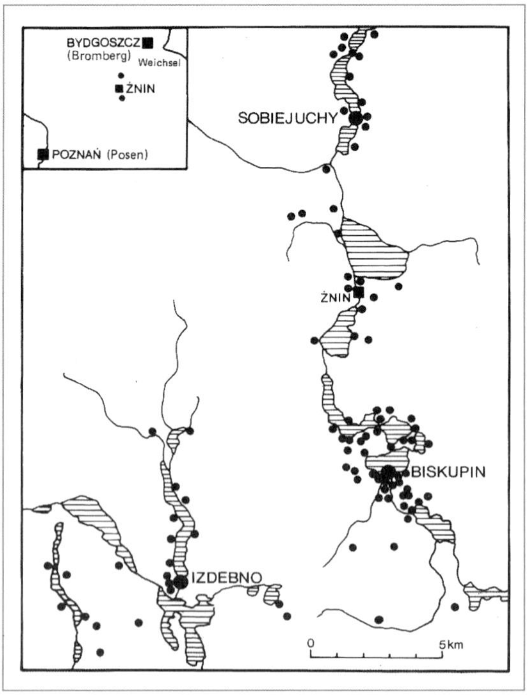

Abb. 2: Karte der Umgebung von Biskupin mit Fundplätzen der Lausitzer Kultur (Harding, 1985, S.29)

Literatur

Centrale Marketinggesellschaft der deutschen Agrarwirtschaft m.b.H (1994): Ortstermin Wald: Fakten über Wald, Forst- und Holzwirtschaft, Bonn

Etymologisches Wörterbuch des Deutschen (1989): A-G, Berlin

Gleitsmann, Rolf-Jürgen: Holzwirtschaft (1985): in: Panorama der Fridericianischen Zeit, Hrg. Jürgen Ziechmann, Bremen

Goldmann, Klaus, Hrsg. (1985): Biskupin, ein polnisches Pompeji; eine Ausstellung des Staatl. Archäolog. Museums in Warschau, Berlin

Harding, Anthony (1985): Biskupin – sein Umfeld und die Ausgrabungen in Sobiejuchy, in: Biskupin, ein polnisches Pompeji, Berlin

Hayen, Hajo (1985): Bergung, wissenschaftliche Untersuchung und Konservierung moorarchäologischer Funde, in: Archäologische Mitteilungen aus Nordwestdeutschland 8, Oldenburg

Herzog, Roman (1988): Staaten der Frühzeit, Ursprünge und Herrschaftsformen, München

Meurers-Balke, Jutta (1992): Palynologische Untersuchungen zum neolithischen Bohlenweg VII(Pr) im Großen Moor am Dümmer, in: Archäologische Mitteilungen aus Nordwestdeutschland 15, Oldenburg

Piotrowski, Wojciech (1985): 50 Jahre Ausgrabungen in Biskupin, in: Biskupin, ein polnisches Pompeji, Berlin

Piotrowski, Wojciech (1995): Biskupin – the fortified settlement from the first millennium BC, in: Quarternary Studies in Poland 13/1995

Prusa, Eduard (1985): Die böhmischen und mährischen Urwälder – ihre Struktur und Okologie, Prag

Reynolds, Peter (1985): Zur Rekonstruktion der Häuser von Biskupin, in: Biskupin, ein polnisches Pompeji, eine Ausstellung des Staatl. Archäolog. Museums in Warschau, Berlin

Schmidt, Burghard (1992): Hölzerne Moorwege als Untersuchungsobjekte für die Dendrochronologie. in: Archäologische Mitteilungen aus Nordwestdeutschland 15, Oldenburg

Uhlemann, Hans-Joachim (1987): Berlin und die Märkischen Wasserstraßen, Berlin

Wazny, Tomasz (1994): Dendrochronology of Biskupin – Absolute Dating of the Early Iron-Age Settlement, in: Bulletin of the Polish Academy of Sciences, Vol. 42, No. 3

ZMP/Zentrale Markt- und Preisberichtstelle für Erzeugnisse der Land-, Forst- und Ernährungswirtschaft (1993): Forst und Holz '92, Bonn 1993

IMPRESSUM

Herausgeber
Spreewälder Kulturstiftung
Schlossweg 1 · 03096 Burg (Spreewald), OT Müschen.
Internet: www.spreewaelder-kulturstiftung.com
Mail: info@spreewaelder-kulturstiftung.com

Autoren
Dr. Franz Schopper,
Brandenburgisches Landesamt für Denkmalpflege

Prof. Dr. em. Wolfhard Schlosser,
Ruhr-Universität Bochum, Astronomisches Institut

Prof. Dr. Winfried Menghin,
ehem. Leiter des Museums für Vor- und Frühgeschichte Berlin

Dr. Burkard Steinrücken,
Westfälische Volkssternwarte und Planetarium Recklinghausen

Dr. Christoph Sommerfeld,
Mönkeberg

Dr. Tomasz Gralak,
Institute of Archaeology, Wrocław University, Polen

Dr. Klaus Goldmann,
Kurator a. D., Berlin

Konzeption und Redaktion
neuland+ - Tourismus-, Standort- und Regionalentwicklung GmbH & Co KG,
Esbach 6, 88326 Aulendorf, Mail: buehler@neulandplus.de

Gestaltung und Satz
Reinsberg WA GmbH Berlin, www.reinsberg.de

ISBN 978-3-00-041105-2